Les poissons d'aquarium

MARABOUT

Ulrich Schliewen

Les poissons d'aquarium

Bien les soigner - Bien les nourrir
Bien les comprendre

Traduction : Christian Houba

Illustré par des photographes d'aquariums renommés

Dessins : Renate Holzner

TABLE DES MATIÈRES

1

2

3

Comprendre, apprendre et observer

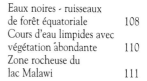

D

Divers

S'informer avant d'acheter

La clé du succès d'un aquarium réside
dans la connaissance du mode
de vie des poissons
dans la nature

Ce que vous devez savoir sur les poissons

La plupart des poissons d'aquarium proviennent directement de la nature ou sont des descendants de poissons capturés dans la nature. Si un aquarium ne peut être une reproduction fidèle de la nature, pour qu'il fonctionne correctement, il est cependant essentiel de bien s'informer sur les poissons que l'on souhaite maintenir.

Chaque espèce de poisson a des besoins particuliers

Dans la nature, il existe plus de 25 000 espèces de poissons. Malgré cette diversité, au cours de l'évolution, chaque espèce s'est adaptée à une niche écologique spécifique. La plupart des poissons d'aquarium ont pour <u>origine</u> les régions tropicales d'Amérique du Sud et centrale, d'Afrique, d'Asie et d'Australie. Là, ils vivent dans des eaux dont certaines caractéristiques peuvent être très différentes. Les uns proviennent, par exemple, de cours d'eaux calcaires rapides, alors que d'autres sont issus

Parmi les espèces d'aquarium les plus connues, beaucoup proviennent de ruisseaux aux eaux noires.

Le Barbus à cinq bandes (Punitus pentazona), habitant des ruisseaux asiatiques aux eaux noires.

d'eaux stagnantes faiblement chargées en calcium.

Les poissons sont des organismes délicats

Si l'aquarium reproduit les conditions rencontrées par les différentes espèces de poissons dans la nature, ceux-ci sont à leur aise. Dans le cas contraire, ils dépérissent et finissent par mourir.

Certes, il existe des espèces résistantes qui s'adaptent à une grande variété de conditions, mais même celles-là possèdent des sens aiguisés qui les renseignent sur la qualité de leur environnement. Les espèces délicates possèdent les mêmes sens aiguisés, mais elles ont des exigences particulières. Tant les espèces résistantes que les espèces délicates peuvent être maintenues en aquarium, pour autant qu'elles reçoivent des soins appropriés.

Pour avoir des poissons sains qui feront votre joie, veillez à vous informer sur leurs besoins spécifiques avant de les acheter. Vous pourrez alors reproduire les caractéristiques écologiques indispensables. Les tableaux de la partie descriptive de ce guide (page 14 et suivantes) vous présentent, espèce par espèce, les besoins essentiels de nombreux poissons.

Capture ou élevage ?

Il n'y a pas de réponse définiti-ve à la question de savoir si les poissons doivent être capturés dans la nature ou être produits en élevage. Il y a du pour et du contre dans les deux cas. Les poissons capturés directement dans la nature exigent davanta-ge de soins que les descendants de la même espèce reproduits en élevage. Les premiers ont déjà passé une partie de leur existence dans un milieu natu-rel et s'y sont adaptés. C'est pourquoi ils sont souvent plus colorés et, quand ils sont soi-gnés dans des conditions spéci-fiques optimales, ils sont plus vifs que les souches reproduites en élevages depuis plusieurs générations. Cependant, ceci

Les escargots du genre Ampularia sont des hôtes appréciés dans les aquariums d'ensemble.

Quel âge peuvent atteindre les poissons?

Il existe des poissons qui peuvent atteindre plus de 20 ans. D'autres ne vivent même pas un an. Les poissons dont l'existence est très courte sont souvent originaires de mares temporaires qui s'assèchent tous les ans. Avant de mourir, ils doivent assurer leur descendance. Ils pondent leurs œufs dans le sol, où ceux-ci résistent jusqu'aux pluies suivantes. Lorsque la mare est à nouveau remplie d'eau, les œufs éclosent. Les jeunes se développent si vite qu'ils parviennent à se reproduire la même année. Les célèbres dipneustes qui vivent également dans ces mares temporaires peuvent, toutefois, vivre très vieux. Durant la saison sèche, ils s'enfoncent dans le sol où ils attendent les pluies suivantes.

n'est vrai que si toutes les précautions ont été prises lors de la capture et du transport et si les animaux ont été prudemment acclimatés chez les grossistes. Les poissons d'élevage, en revanche, se sont pour la plupart adaptés depuis plusieurs générations aux conditions d'aquarium et sont donc souvent plus faciles à maintenir. Ils ne sont pas nécessairement inférieurs aux animaux capturés dans la nature, à condition toutefois, qu'ils proviennent de bons élevages.

Ignorant l'origine ou les conditions d'importation des animaux proposés, la seule chose à faire est de vérifier à l'aide des photos et des données présentées dans ce livre si les poissons paraissent sains et suffisamment vifs.

Choisissez les poissons les plus actifs, qu'ils aient été capturés dans la nature ou qu'ils proviennent d'élevage.

Protection de la nature et aquariophilie

Toute personne ayant observé ces petites merveilles vivantes en aquarium connaît l'importance de la préservation et de la défense de la nature.

Plusieurs initiatives ont été prises afin de protéger les milieux tropicaux où ont été capturées de nombreuses espèces de poissons d'aquarium. Leur milieu naturel est préservé grâce à des fonds provenant de la capture de poissons. En outre, les hommes qui, là-bas, capturent et vendent les poissons ont intérêt à garder les régions naturelles intactes. Sans quoi, cette importante source de revenus serait perdue à jamais.

Questions juridiques relatives à l'aquariophilie

Droit locatif

Même lorsque le contrat de bail interdit, en principe et sans exception, la possession d'animaux domestiques, une telle interdiction est invalide selon la jurisprudence. Le bailleur doit faire une distinction entre les différents animaux que le locataire souhaite acquérir dans le logement. Si les chiens peuvent être source de nuisance à cause du bruit, ou si, par exemple, des serpents venimeux ou constricteurs constituent un danger, la présence d'animaux dont il apparaît qu'ils ne sont pas source de nuisance ni de danger ne peut être interdite. Ceci s'applique en particulier à la possession d'un aquarium dans l'habitation louée.

Le droit de jouissance d'une habitation donne également au locataire le droit d'y pratiquer ses hobbies, pour autant que cette activité ne porte pas préjudice aux intérêts des autres locataires ni à ceux du bailleur. Il ne peut être dérogé à ce principe que dans la mesure où des dégâts ont été occasionnés à l'habitation et/ou aux matériaux du bâtiment, du fait d'un

aquarium défectueux. Dans ce cas, le bailleur serait en droit de conditionner l'autorisation de l'installation d'un aquarium à la mise en place d'un revêtement et à la souscription d'une assurance responsabilité civile appropriée.

Droit en matière d'assurance

Même si la taille d'un aquarium qui ne contient que 100 l d'eau est faible, l'eau qui s'en échappe peut provoquer des dégâts importants. Il est donc prudent de déclarer son aquarium à la compagnie d'assurances ou à son courtier. En général, aucune disposition spéciale ni aucune surprise n'est à envisager, il suffit, par un échange de lettres, de faire préciser que votre aquarium est inclus dans le cadre du risque dégâts des eaux.

Pour ce qui concerne les appareils électriques, il est indispensable de se procurer du matériel conforme et spécialement conçu pour une utilisation en aquarium. Procurez-vous également un disjoncteur à placer entre les appareils et la source de courant.

Contrat de vente

Toute personne qui achète des poissons d'aquarium conclut, dans tous les cas, un contrat avec le vendeur. Ce contrat ne suppose pas nécessairement la forme écrite, car un contrat de vente oral est également juridiquement valide. S'il apparaît, après livraison des poissons à l'acheteur, que les animaux sont affectés d'une maladie, l'acheteur peut légalement faire valoir son droit à la garantie et, notamment, annuler le contrat de vente. Il peut également demander une réduction du prix de vente. Cependant, cette règle s'applique si et seulement si l'animal était déjà malade au moment de la livraison. Dans le cas de maladies infectieuses, le début de la maladie est difficile à déterminer et, souvent, il est nécessaire de demander l'avis d'un vétérinaire spécialisé. Si l'acheteur peut valablement exercer son droit à la garantie, il doit le faire dans les six mois suivant la livraison, après quoi le droit à la garantie s'éteint. Cependant, même si la maladie des poissons est survenue peu après leur introduction dans leur nouve aquarium, cela ne signifie pas nécessairement qu'ils étaient déjà malades lorsqu'ils ont été acquis auprès du vendeur. En effet, le stress résultant du transport et de l'introduction dans un aquarium dont l'eau présente des qualités différentes peuvent déclencher des maladies en quelques heures et, dans un tel cas, la responsabilité du vendeur ne serait pas engagée.

Protection des animaux

Dans le biotope «aquarium», la manipulation des poissons reste soumise au respect de certaines règles. Celles-ci comprennent non seulement une nourriture adéquate, mais également des conditions de milieu acceptables dans l'aquarium. A cet effet, on veillera à changer régulièrement l'eau et à installer l'aquarium adéquat dans les règles de l'art.

Espèces protégées

Contrairement au cas de nombreuses espèces d'eau de mer, il n'existe pratiquement aucune disposition destinée à protéger les espèces de poissons d'agrément d'eau douce. Il s'agit souvent d'animaux d'élevage et les obligations légales relatives aux espèces protégées ne sont donc pas applicables.

Elimination des animaux morts

La loi sur l'élimination des cadavres d'animaux ne s'applique pas aux poissons d'aquarium et les poissons morts peuvent donc être enterrés dans le jardin. La loi sur l'élimination des déchets est applicable aux petits animaux de sorte qu'ils peuvent également être jetés à la poubelle. La solution choisie est laissée à l'appréciation de chacun. D'un point de vue éthique toutefois, la personne animée du sens de la protection des animaux souhaitera que son partenaire animal finisse sa vie dans la dignité.

Barbus requin (Balantiochelius melanopterus) (→ page 115).

Les poissons d'aquarium les plus appréciés

La partie descriptive ci-après présente plus de 120 poissons d'aquarium parmi les plus appréciés, classés par groupes. La description sommaire de chaque groupe de poissons indique leur origine, mode de vie, particularités et conditions de maintenance généralement applicables. Les informations importantes pour maintenir une espèce donnée dans les règles de l'art sont présentées dans les tableaux.

Interprétation des tableaux

Nom français : le plus populaire.

Nom latin : il comprend le nom du genre et le nom de l'espèce.

Taille : Taille maximale que le poisson peut atteindre.

Bac : le bac doit avoir une taille minimale pour que chaque espèce exprime son comportement caractéristique. Des bacs plus petits peuvent être utilisés dans des buts spécifiques tels que la reproduction ou le traitement individuel de certains animaux.

Type d'eau : 6 catégories. La plupart des poissons décrits peuvent être maintenus dans différents types d'eau. Aussi, plusieurs types sont indiqués pour chaque espèce. Les différents types d'eau présentent les caractéristiques chimiques indiquées ci-après: (page 58) ; la dureté carbonatée (dKH) est très souvent exprimée en degrés allemands. Un degré allemand (1 dKH) = 1,79 degrés français (1,79 dTHca).

■ Type 1 :
pH : 4,5-6,5 ; dKH : 0-3
■ Type 2 :
pH : 5,5-6,8 ; dKH : 3-8
■ Type 3 :
pH : 6,8-7,5 ; dKH : 3-8
■ Type 4 :
pH : 6,8-7,5 ; dKH : 8-16
■ Type 5 :
pH : 7,2-8,5; dKH : > 12
■ Type 6 :
pH : > 8,0 ; dKH : > 12

Photo : la photo représente l'espèce décrite dans le livre.

**Veuve noire
(Gymnocorymbus ternetzi).**

En haut : Néon *(Paracheirodon innesi)*.

En bas : Tétra-empereur mâle *(Nematobrycon palmeri)*.

Characidés

Brillamment colorés, les poissons de ce groupe appartiennent aux espèces les plus appréciées par les aquariophiles. Les Néons aux couleurs brillantes qui sont originaires des eaux sombres des ruisseaux de la forêt équatoriale amazonienne sont eux aussi des Characidés.

Caractéristiques distinctives : la plupart des Characidés se distinguent des autres poissons d'aspect similaire, tels les Barbus et les vivipares, par la présence d'une nageoire supplémentaire, appelée nageoire adipeuse. Elle est située entre la nageoire dorsale et la nageoire caudale. Mais attention, certaines espèces de Characidés ne possèdent pas cette nageoire adipeuse.

Mode de vie dans la nature : les Characidés décrits ici vivent principalement dans des ruisseaux limpides et dans des sections calmes de rivières d'Amérique du Sud tropicale. Seul le Tétra du Congo est originaire d'Afrique. Le biotope naturel des Characidés est caractérisé par des cours d'eau avec une abondante végétation aquatique; les branches et les feuilles tombées des arbres de la forêt vierge bordant les rives compartimentent leur niche écologique. Les Characidés nagent par bancs ou par groupes, à la recherche de petits animaux dont ils se nourrissent en eau libre. Ils sont toujours prêts à s'enfuir rapidement lorsqu'un danger les menace. En particulier, les plus petites espèces recherchent

Characidés

Espèce	Taille	Bac	Type d'eau	Température	Photo
Tétra du Congo *Phenacogrammus interruptus*	12 cm	100 cm	2 – 5	23 – 27 °C	p. 17 en haut
Néon rouge *Paracheirodon axelrodi*	5 cm	60 cm	1 – 3	23 – 27 °C	p. 102/3
Néon *Paracheirodon innesi*	4 cm	50 cm	1 – 5	20 – 24 °C	p. 15 en haut
Tétra-empereur *Nematobrycon palmeri*	6 cm	60 cm	2 – 5	23 – 26 °C	p. 15 en bas
Poisson-hachette marbré *Carnegiella strigata*	5 cm	60 cm	1 – 5	26 – 30 °C	couverture avant
Veuve noire *Gymnocorymbus ternetzi*	6 cm	60 cm	2 – 6	23 – 28 °C	p. 14
Tétra à bouche rouge *Hemigrammus bleheri*	5 cm	60 cm	1 – 3	22 – 26 °C	– – – – – –
Tétra d'Erythrée *Hemigrammus erythrozonus*	4 cm	50 cm	1 – 5	23 – 26 °C	p. 80/81
Tétra joli *Hemigrammus pulcher*	4,5 cm	60 cm	1 – 3	24 – 28 °C	p. 18 en bas
Tétra sang *Hyphessobrycon callistus*	4,5 cm	60 cm	1 – 5	24 – 28 °C	p. 17 en bas
Tétra orné *Hyphessobrycon bentosi*	5 cm	60 cm	2 – 5	23 – 27 °C	– – – – – –
Tétra-fantôme noir *Megalomphodus megalopterus*	4,5 cm	60 cm	2 – 5	23 – 28 °C	– – – – – –
Tétra-diamant *Moenkhausia pittieri*	6 cm	80 cm	2 – 3	24 – 28 °C	p. 64
Tétra à yeux rouges *Moenkhausia sanctaefilomenae*	7 cm	80 cm	2 – 6	23 – 26 °C	p. 18 en haut
Poisson pingouin *Thayeria boehlkei*	6 cm	80 cm	2 – 5	24 – 28 °C	– – – – – –

Chez le Tétra du Congo
(Phenacogrammus interruptus),
seuls les adultes arborent de
belles couleurs.

également des particules de nourriture végétale et animale sur les tiges des plantes aquatiques ou dans le matelas de feuilles qui recouvre le fond du cours d'eau. Durant la saison des pluies, lorsque les eaux débordent au-delà des rives, de nombreux Characidés s'aventurent sur le sol de la forêt vierge, alors inondé, où

ils trouvent une nourriture abondante.

Reproduction : ils déposent de nombreux petits œufs sur les plantes aquatiques, les algues ou les feuilles mortes. La plupart des Characidés ne prennent aucun soin de leur progéniture.

Dimorphisme sexuel : les mâles adultes de la plupart des espèces sont plus colorés que les femelles. Les femelles, en revanche, sont plus dodues que les mâles. Le sexe des jeunes poissons et des poissons-hachettes est pratiquement impossible à distinguer.

Maintenance : les Characidés étant souvent grégaires, il est préférable de maintenir un groupe de six à dix poissons. Comme la plupart des espèces nagent volontiers, il est

Comme la plupart des
Characidés, le Tétra sang
(Hyphessobrycon callistus) est
un poisson grégaire.

conseillé de disposer de bacs relativement grands, même pour les petites espèces. Les plantes aquatiques bordant les espaces d'eau libre fournissent suffisamment d'endroits où ils peuvent se retirer.

Un fond sombre permet souvent de mettre en valeur les couleurs vives des poissons. Les Characidés se sentent mal à l'aise dans des bacs fortement éclairés. Les mâles de plusieurs espèces, comme par exemple le Tétra-empereur, se séparent pendant un certain temps du groupe et délimitent un petit territoire qu'ils défendent contre les autres mâles. Dans ce territoire, ils paradent, toutes nageoires déployées et arborant de magnifiques couleurs, devant les femelles qui passent.

Alimentation : on peut nourrir toutes les espèces citées ici avec de la nourriture déshydratée. Un complément régulier avec de la nourriture vivante (congelée ou vivante) stimule la vitalité et souvent également l'intensité des couleurs. Les artemias absorbés frais constituent, en particulier pour les petites espèces, un complément de choix. Les poissons-hachettes apprécient les petits insectes, par exemple les drosophiles.

Association : avec les Characidés, on peut associer des Silures et autres poissons de fond, tels que les Cichlidés nains qui apprécient le même type d'eau, et qui occupent principalement la partie inférieure de l'aquarium.

En haut : Tétra à yeux rouges (Moenkhausia sanctaefilomenae).

En bas : Un aquarium sombre met les couleurs délicates du Tétra joli (Hemigrammus pulcher) en valeur.

Les Barbus de Sumatra *(Puntius tetrazona)* mordent les queues des autres poissons quand leur alimentation est insuffisante.

Barbus et autres Cyprinidés

La nage vive des Barbus et autres Cyprinidés met de la vie dans l'aquarium. Comme beaucoup d'espèces sont peu exigeantes, ils sont considérés comme des poissons de «débutants», même si ce n'est pas vrai dans tous les cas.

Caractéristiques distinctives : on peut aisément les confondre avec les Characidés. Cependant, ils ne possèdent pas de nageoire adipeuse entre la nageoire dorsale et la nageoire caudale, ce qui permet de les distinguer.

Mode de vie dans la nature : les espèces qui sont les plus fréquentes en aquarium proviennent des cours d'eau d'Asie méridionale, de même que les Characidés provenaient d'Amérique du Sud. Les Barbus robustes du genre *Puntius* partent en groupes à la recherche de petites proies animales sur le fond. Dans les eaux troubles, où il n'est pas rare de les rencontrer, leurs barbillons les aident à rechercher la nourriture dans la boue. Dans les barbillons, se trouvent des organes sensoriels servant en quelque sorte à «goûter» et à toucher. Les Cyprinidés autres que les Barbus, en revanche, occupent les couches moyennes et supérieures des cours d'eau limpides, à courant rapide, avec un sol sableux (Danio rerio, Cardinal). D'autres vivent dans les eaux noires de mares et ruisseaux des terres basses recouvertes par la forêt équatoriale (*Rasbora, Boraras,* mais également *Puntius pentazona*). Là, ils ont une préférence pour la région proche des rives, où ils peuvent, en cas de besoin, se cacher dans les entrelacs des racines d'arbres qui bordent les eaux.

Reproduction : les Barbus et autres Cyprinidés ne prennent pas soin de leur progéniture, mais déposent de grandes quantités de petits œufs sur les plantes, les feuilles tombées ou sur les graviers dans les eaux courantes.

Dimorphisme sexuel : les femelles adultes sont plus arrondies que les mâles. Le sexe des jeunes poissons est très difficile à déterminer.

Maintenance : poissons actifs, vivant en groupes ; les maintenir par groupes de 6 à 8 individus de la même espèce. Ils doivent disposer de place suffisante pour nager. La végétation sur les bords du bac offre des caches aux espèces craintives telles que le Barbus à cinq bandes,

Rasbora arlequin et *Boraras maculata* qui sont, en outre, plus exigeants en ce qui concerne la qualité de l'eau. Bien que le Barbus de Sumatra soit originaire des mêmes cours d'eau, il est moins exigeant. Compte tenu de leurs origines, ces cinq

En haut : Cardinal *(Tanichthys albonubes)*.

En bas : Danio zèbre *(Brachydanio rerio)*.

La taille de *Rasbora hengeli* reste inférieure à celle du Rasbora arlequin *(Rasbora heteromorpha)* ordinaire.

espèces, contrairement à *Boraras maculata*, le Cardinal et le Barbus rosé, préfèrent un bac sombre.
Alimentation : la nourriture déshydratée peut servir de base à une alimentation saine, cependant un apport régulier de proies congelées ou vivantes améliore leur vitalité.

Association : ils cohabitent volontiers avec des poissons de fond tels que Cobitidés, Labéos, Silures, ainsi qu'avec des Cichlidés nains et des Anabantidés. Eviter d'associer le Barbus de Sumatra avec des poissons à longues nageoires (par exemple, des Gouramis), car il a tendance à mordre les nageoires de ces derniers, en particulier dans des bacs trop petits.

Barbus et autres Cyprinidés

Espèce	Taille	Bac	Type d'eau	Température	Photo
Barbus de Sumatra *Puntius tetrazona*	7 cm	80 cm	2 – 5	23 – 28 °C	p. 19 en haut
Barbus rosé *Puntius conchonius*	12 cm	120 cm	2 – 6	18 – 22 °C	p. 56/57
Barbus à cinq bandes *Puntius pentazona*	4,5 cm	60 cm	1 – 3	26 – 29 °C	p. 9
Danio zèbre *Brachydanio rerio*	6 cm	80 cm	2 – 6	24 – 27 °C	p. 20 en bas
Cardinal *Tanichthys albonubes*	4 cm	60 cm	2 – 6	18 – 22 °C	p. 20 en haut
Boraras maculata	2,5 cm	40 cm	1 – 3	25 – 29 °C	p. 107
Rasbora hengeli	3,5 cm	50 cm	1 – 3	25 – 28 °C	p. 21 en haut
Rasbora arlequin *Rasbora heteromorpha*	4,5 cm	60 cm	2 – 5	23 – 28 °C	– – – – – –

Cobitidés et Labéos

<u>Caractéristiques distinctives</u> : toutes les espèces sont apparentées aux carpes, mais elles forment des familles différentes au sein de ce groupe. Il est donc difficile de présenter des caractéristiques communes.

<u>Mode de vie dans la nature</u> : toutes les espèces vivent sur le fond dans des eaux courantes. Là, elles forment de petits groupes (*Botia sp.* et Kuhli) et recherchent de petites proies dans les graviers ou entre les morceaux de bois, feuilles et pierres. Les Loches naines sont particulièrement grégaires. Le Labéo à queue rouge est un solitaire qui se nourrit principalement de particules de nourriture sur le bois et les pierres. *Crossocheilus* et *Gastromyzon sp.* qui sont des algivores, préfèrent les substrats durs avec un courant fort.

<u>Reproduction</u> : pratiquement inconnue. Ne prennent pas soin de leur progéniture.

<u>Dimorphisme sexuel</u> : pratiquement inconnu.

<u>Maintenance</u> : placer les grandes espèces dans de grands bacs, où elles peuvent être maintenues en groupes, de même que les petites espèces. Pour que les poissons dominés ne soient pas pourchassés,

Cobitidés et Labéos

Espèce	Taille	Bac	Type d'eau	Température	Photo
Loche-clown *Botia macracanthus*	25 cm	150 cm	1 – 5	25 – 30 °C	p. 2/3
Loche naine *Botia sidthimuncki*	6,5 cm	60 cm	2 – 6	26 – 29 °C	couverture arrière
Kuhli *Acanthophthalmus spec.*	6 bis 12 cm	60 cm	1 – 5	26 – 30 °C	p. 22 milieu
Gyryno *Gyrinocheilus aymonieri*	25 cm	120 cm	2 – 6	24 – 28 °C	p. 113
Barbeau à raie noire *Crossocheilus siamensis*	15 cm	100 cm	2 – 5	24 – 28 °C	p. 22 en bas
Loche de la famille des Balitoridés - *Gastromyzon spec.*	ca. 6 cm	50 cm	2 – 5	22 – 24 °C	p. 23
Labéo à queue rouge *Epalzeorhynchus bicolor*	15 cm	100 cm	2 – 6	23 – 28 °C	p. 22 en haut

n haut à gauche : **Labéo à queue rouge** *(Epalzeorhynchus bicolor).*

u milieu à gauche : **Kuhli**, ici *Pangio kuhlii.*

n bas à gauche : **Barbeau à raie noire** *(Crossocheilus siamensis).*

 droite : **Balitoridé du genre** *Gastromyzon.*

chaque animal doit disposer d'une cachette. Maintenir seul le Labéo à queue rouge.

<u>Alimentation</u> : nourriture déshydratée (pastilles de nourriture) et proies vivantes de petite ou grande taille, selon l'espèce ; nourriture végétale pour le Gyrino et *Acanthopsis chloiorhynchus* mais pas pour *Gastromyzon sp.*

<u>Association :</u> Associer avec des poissons de la couche moyenne et supérieure, pas des Cichlidés à comportement terri-

torial. S'il y a plusieurs *Gastromyzon sp.*, ne pas les mettre avec d'autres espèces qui entrent plus efficacement en compétition pour la nourriture : ils pourraient mourir de faim.

Vivipares

Caractéristiques distinctives : les espèces présentées ici appartiennent à deux familles qui ne sont pas étroitement apparentées : les Poeciliidés et les Demi-becs. Les mâles des deux familles possèdent une nageoire caudale transformée en organe reproducteur. Chez les Poeciliidés vivipares, elle s'appelle gonopode.

Mode de vie dans la nature : toutes les espèces, excepté le Demi-bec originaire de l'Asie du Sud-Est, sont des poissons grégaires très actifs qui, dans

leur contrée d'origine - l'Amérique centrale- vivent dans des eaux où pénètrent les rayons du soleil. Là, ils affectionnent les eaux dures, alcalines. De nombreuses espèces vivent dans des eaux légèrement saumâtres, à proximité des côtes. Le Guppy, origi-

En haut : il existe de nombreuses formes de Platy (Xiphophorus maculatus) obtenues en élevage.

En bas : Guppy (Poecilia reticulata).

Le Xipho de Heller (*Xiphophorus helleri*) aime nager dans de grands bacs.

naire des petits cours d'eau douce de l'Est de l'Amérique du Sud, constitue une exception. Le Guppy et le poisson-moustique se nourrissent principalement de différentes petites proies qu'ils capturent en eau libre, mais également de nourriture végétale. Le Demi-bec asiatique nage à la recherche d'insectes directement sous la surface de l'eau. Les autres espèces se nourrissent d'algues qu'elles broutent sur les surfaces dures à l'aide de leur bouche pointue.

Reproduction : toutes les espèces présentées mettent au monde des jeunes poissons complètement développés.

Toutefois, dans le ventre de leur mère, les jeunes sont encore entourés d'une coquille. Ils sortent des œufs peu avant la naissance quand ils sont encore dans le ventre de la mère. Dans un aquarium planté et pas trop densément peuplé, quelques jeunes poissons parviennent toujours à survivre. Afin d'améliorer les chances de survie, on dispose prudemment les femelles pleines dans un petit bac densément planté ou dans un pondoir (disponible dans des magasins spécialisés), jusqu'à la naissance des jeunes. Ensuite, on replace la mère dans le bac habituel, afin qu'elle ne dévore pas ses jeunes. Les jeunes absorbent de la nourriture déshydratée finement broyée, immédiatement après la naissance.

Dimorphisme sexuel : les mâles sont plus petits et plus colorés que les femelles. Ils possèdent une nageoire caudale jouant le rôle de pénis.

Maintenance : un aquarium vaste et clair rempli d'eau moyennement dure à dure convient le mieux. Il permet en outre le développement d'algues qui équilibrent l'alimentation de la plupart des espèces. Pour le Molly-voile et pour le Black Molly ne pas oublier d'ajouter du sel (une cuillère à café pour 10 l). Toutes les espèces sont sociables. On maintiendra au moins cinq exemplaires de la même espèce. Il est souhaitable que les femelles soient en surnombre pour éviter qu'elles ne soient trop sollicitées par les mâles.

Les plantes de l'aquarium fournissent une protection aux femelles et permettent toujours à quelques jeunes poissons de survivre dans l'épaisseur de la végétation.

Vivipares

Espèce	Taille	Bac	Type d'eau	Température	Photo
Guppy *Poecilia reticulata*	6 cm	60 cm	2 - 5	24 – 30 °C	92/93, 24 en bas, couverture arrière
Black Molly *Poecilia sphenops var.*	8 – 12 cm	80 cm	5 - 6	26 – 29 °C	p. 26 en haut
Molly-voile *Poecilia velifera*	15 cm	120 cm	6	25 – 28 °C	p. 26 en bas
Xipho de Heller *Xiphophorus helleri*	12 cm	120 cm	5 - 6	22 – 28 °C	p. 25
Platy *Xiphophorus maculatus*	6 cm	60 cm	5 - 6	21 – 25 °C	p. 24 en haut
Platy perroquet *Xiphophorus variatus*	6 cm	60 cm	5 - 6	22 – 25 °C	p. 26 milieu
Poisson-moustique *Heterandria formosa*	3,5 cm	40 cm	5 - 6	18 – 30 °C	- - - - -
Demi-bec *Dermogenys siamensis*	7 cm	80 cm	5 - 6	24– 28 °C	- - - - -

En haut : à une température trop faible, le Black Molly (*Poecilia sphenops var.*) est sujet aux maladies.

Milieu : Platy perroquet (*Xiphophorus variatus*).

En bas : le Molly-voile (*Poecilia velifera*) apprécie les aliments végétaux verts.

Alimentation : les espèces citées ici peuvent être nourries avec de la nourriture déshydratée contenant une part importante de végétaux. Un apport régulier de nourriture vivante (puces d'eau, daphnies, petites larves de moustiques) améliore leur vitalité. Un éclairage puissant permet une bonne croissance algale. Pour que les Demi-becs soient en bonne santé, il faut leur donner des drosophiles ou d'autres petits insectes.

Association : ces poissons s'adaptent à la présence de toutes les espèces vivant sur le fond ou à d'autres poissons grégaires paisibles, occupant la partie moyenne ou supérieure du bac et qui supportent une eau dure et alcaline. Ils ne cohabitent pas volontiers avec les grandes espèces d'Amérique centrale et les Cichlidés d'Afrique de l'Est. Le Demi-bec et le poisson-moustique s'adaptent à la présence d'espèces qui restent petites, dans des aquariums densément plantés.

Poissons arc-en-ciel et espèces apparentées

Les poissons arc-en-ciel et espèces apparentées sont des «lève-tôt». C'est surtout en début de matinée qu'ils exibent leurs couleurs les plus intenses et sont les plus actifs.

Caractéristiques distinctives : contrairement à d'autres poissons grégaires, les poissons arc-en-ciel, arc-en-ciel à queue fourchue et Athérine rayons de soleil possèdent deux nageoires caudales, mais pas de nageoire adipeuse.

Mode de vie dans la nature : toutes les espèces citées occupent des ruisseaux limpides, fleuves ou lacs à végétation abondante, en Australie, en Nouvelle-Guinée et aux Célèbes. Là, elles se nourrissent de petits animaux vivant en eau libre, d'insectes ou broutent les algues.

Reproduction : les poissons arc-en-ciel pondent des œufs relativement gros principalement sur les plantes. Ils ne prennent pas soin de leur progéniture.

Dimorphisme sexuel : les mâles adultes sont beaucoup plus colorés que les femelles.

Maintenance : ces poissons qui nagent très volontiers nécessitent un vaste aquarium contenant une grande quantité d'eau libre mais également une végétation dense. Toutes les espèces apprécient un bac bien éclairé et ont absolument besoin de compagnie.

En haut : Athérine rayons de soleil *(Telamatherina ladigesi)*.

A gauche : Arc-en-ciel saumon *(Glossolepis incisus)*.

Arc-en-ciel à queue fourchue
(Pseudomugil furcatus).

<u>Alimentation</u> : une nourriture déshydratée de bonne qualité, avec une partie végétale, constitue une nourriture de base appropriée. Il est conseillé d'y ajouter des artemias ou des daphnies vivantes ou congelées.

<u>Association</u> : on peut l'associer à des poissons vivant sur le fond ou d'autres poissons actifs qui exigent le même type d'eau et d'éclairage. Iriatherina doit être maintenu seul ou avec d'autres espèces paisibles.

Poissons arc-en-ciel et Athérinidés

Espèce	Taille	Bac	Type d'eau	Température	Photo
Melanotaenia praecox	6 cm	80 cm	2 – 5	23 – 28 °C	p. 62/63
Arc-en-ciel de Boeseman *Melanotaenia boesemani*	14 cm	120 cm	5 – 6	23 – 26 °C	Couverture avant
Arc-en-ciel saumon *Glossolepis incisus*	15 cm	120 cm	5 – 6	22 – 25 °C	p. 28 en bas
Arc-en-ciel filigrane *Iriatherina werneri*	5 cm	60 cm	2 – 6	25 – 27 °C	p. 121
Arc-en-ciel à queue fourchue *Pseudomugil furcatus*	6,5 cm	60 cm	2 – 5	24 – 27 °C	p. 29
Athérine rayons de soleil *Telmatherina ladigesi*	7 cm	80 cm	5 – 6	25 – 28 °C	p. 28 en haut

Silures

Les Corydoras et les Silures cuirassés ont des formes amusantes. On les retrouve dans presque tous les bacs d'ensemble. Non seulement ils sont utiles en tant que «nettoyeurs» et mangeurs d'algues, mais ils constituent également un contraste intéressant par rapport aux poissons colorés grégaires nageant en eau libre. Toutefois, les Silures ont des exigences spécifiques et ils ne doivent pas être négligés. Caractéristiques distinctives : les Silures n'ont pas d'écailles, ils sont soit nus (Mochokidés, poissons de verre et Pimelodusange) soit recouverts de grandes plaques osseuses (Corydoras, Silures cuirassés). Au niveau de la bouche, se trouvent des barbillons

qui, dans le cas des espèces suceuses (principalement les Silures cuirassés) peuvent être très petits. Mode de vie dans la nature : la plupart des espèces vivent sur le fond et y trouvent différents types de nourriture selon les espèces : les Corydoras se nourrissent de petites larves d'insectes et de vers dans les

En haut : **Corydoras de Sterba *(Corydoras Sterbai)*.**

A gauche : le Synodonte ponctué *(Synodontis multipunctatus)* se comporte comme un coucou : il fait incuber ses œufs par des Cichlidés (→ 104).

n haut : le Corydoras à roissant *(Corydoras hastatus)* age volontiers en eau libre.

droite : le Corydoras étallisé *(Corydoras aeneus)* ouille volontiers la vase.

leurs barbillons (particulièrement longs chez l'espèce péruvienne Pimelodus-ange) les Silures peuvent repérer leur environnement par le toucher ou même le goût. La période d'accouplement de la plupart des espèces coïncide avec la saison des pluies.

Reproduction : pour autant qu'on le sache, toutes les espèces déposent des œufs relativement gros et collants mais, chez de nombreuses espèces, seuls les mâles en prennent soin.

Dimorphisme sexuel : pas toujours facile à distinguer. Les mâles adultes sont plus élancés que les femelles. De nombreux Silures cuirassés mâles, mais pas tous, possèdent un rostre imposant (*Ancistrus*) ou relativement peu apparent.

Maintenance : bien qu'ils soient souvent considérés, entre autres, comme des nettoyeurs, ils ont cependant des besoins spécifiques qui sont

ruisseaux et fleuves sud-américains. Les Silures cuirassés, également originaires d'Amérique du Sud, mangent à l'aide de leur bouche suceuse dentée des algues ou de petits animaux qui vivent entre les algues. Seuls les Corydoras à croissant et les poissons de verre, originaire d'Asie, vivent entre les plantes en eau libre, dans des cours d'eau plus calmes et se nourrissent de daphnies et d'autres petits animaux.

De nombreuses espèces africaines, comme les Mochokidés, sont nocturnes et apprécient les eaux troubles peu éclairées. A l'aide de souvent négligés. Il est particulièrement important que les Corydoras grégaires disposent d'un fond meuble constitué de sable ou de gravier fin et rond, pour qu'ils ne blessent pas leurs barbillons sensibles en fouillant le fond. Toutes les espèces doivent disposer de cachettes pour se reposer. Les espèces grégaires, telles que poisson de verre, Corydoras et *Otocinclus* (maintenir au minimum cinq exemplaires de la même espèce) apprécient une végétation dense. Pour toutes les autres espèces, l'enchevêtrement des racines et les anfractuosités servent de reposoirs et constituent un refuge pour les individus dominés. Le Pimelodus-ange qui se déplace constamment ne nécessite pas de reposoir et apprécie la compagnie de nombreux congénères. Fournir des pierres formant des grottes aux Mochokidés du Tanganyika, car les racines acidifieraient l'eau. Toutes les espèces apprécient la lumière tamisée.

<u>Alimentation :</u> bien que les Silures dévorent toutes sortes de restes dans l'aquarium, il faut leur apporter un complément de nourriture, sans quoi ils mourraient lentement de faim. On les nourrira, de préférence, le soir peu après l'extinction de

Silures-esturgeons à voile dorsale *(Sturisoma sp.)* occupés à frayer.

En haut à gauche : Silure pointillé *(Ancistrus cf. hoplogenys).*

Au milieu à gauche : Corydoras marbré *(Corydoras paleatus).*

En bas à gauche : Synodonte à ventre noir.

la lumière. Les Silures peuvent alors partir à la recherche de leur nourriture sans être importunés par les autres poissons. Les pastilles de nourriture déshydratée constituent une nourriture de base pour presque toutes les espèces (à l'exception des poissons de verre). Pour les algivores(*Ancistrus, Otocinclus*) une nourriture végétale riche en fibres est indispensable. Ils acceptent les feuilles de salade cuite, des morceaux de pomme de terre ou, pratiquement, tout autre légume. Les poissons de verre nécessitent des proies vivantes, les artémias et les cyclopes convenant parfaitement. De temps à autre, les petites crevettes congelées devraient compléter le menu de toutes les espèces.

Association : les espèces citées

cohabitent volontiers avec les poissons grégaires vivant dans la partie supérieure ou moyenne du bac, tels que les Characidés, les Barbus et les Vivipares exigeant les mêmes qualités d'eau que les Silures. Il faut toutefois être prudent quand on associe les Silures à d'autres espèces vivant sur le fond. La présence de Corydoras est incompatible avec celle de Cichlidés. Les petits Silures cuirassés (*Otocinclus, Hypancistrus zebra,* Loricaria) et les petits Cichlidés constituent en revanche une bonne association. De plus grands Silures cuirassés, (Silure à museau en brosse) mais pas le Silure-esturgeon à voile dorsale, et les Mochikidés peuvent également être maintenus avec de plus grands Cyclidés, lorsqu'ils disposent de place suffisante dans le bac pour se cacher. Le poisson de verre et le Corydoras à croissant sont trop délicats pour être maintenus avec des espèces robustes et actives.

En haut : le Silure du genre *Otocinclus* est un mangeur d'algues utile dans les petits aquariums.

En bas : Silure à museau en brosse *(Ancistrus cf. dolichopterus).*

Silures

Espèce	Taille	Bac	Type d'eau	Température	Photo
Corydoras métallisé Corydoras aeneus	6 cm	50 cm	2 - 6	25 – 28 °C	p. 31 en bas
Corydoras marbré Corydoras paleatus	7 cm	60 cm	2 - 6	18 – 23 °C	p. 32 milieu
Corydoras de Sterba Corydoras sterbai	6 cm	50 cm	2 - 5	22 – 25 °C	p. 30 en haut
Corydoras à croissant Corydoras hastatus	3 cm	40 cm	2 - 6	25 – 28 °C	p. 31 en haut
Otocinclus Otocinclus cf. affinis	4 cm	40 cm	2 - 6	22 – 26 °C	p. 34 en haut
Hypancistrus zebra	8 cm	50 cm	2 - 5	27 – 30 °C	couverture arrière
Loricaria Rineloricaria spec.	13 cm	60 cm	2 - 5	24 – 28 °C	couverture avant
Silure à museau en brosse Ancistrus cf. dolichopterus	15 cm	80 cm	2 - 5	25 – 28 °C	p. 34 en bas
Silure-esturgeon à voile dorsale - Sturisoma spec.	25 cm	120 cm	2 - 5	25 – 29 °C	p. 33
Poisson de verre Kryptopterus cf. minor	7 cm	80 cm	2 - 5	24 – 28 °C	rabat arrière
Synodonte marbré Synodontis schoutedeni	17 cm	120 cm	2 - 5	25 – 28 °C	p. 127
Synodonte-pintade Synodontis angelicus	25 cm	150 cm	2 - 5	24 – 28 °C	rabat avant
Synodonte ponctué Synodontis multipunctatus	12 cm	120 cm	5 - 6	25 – 27 °C	p. 30 en bas
Synodonte à ventre noir Synodontis nigriventis	9,5 cm	80 cm	2 - 5	24 – 28 °C	p. 32 en bas
Pimelodus- ange Pimelodus pictus	12 cm	120 cm	2 - 5	25 – 28 °C	– – – – – –

Les Cichlidés en général

Caractéristiques : les Cichlidés, contrairement aux autres poissons actifs, ont une nageoire dorsale non divisée avec des parties épineuses et des parties tendres. Ils possèdent de chaque côté de la tête un seul orifice nasal.

Mode de vie dans la nature : les Cichlidés occupent des niches très diverses allant des cours d'eau rapides aux sources chaudes dans les eaux douces des régions tropicales d'Amérique, d'Afrique et d'Inde.

Reproduction : toutes les espèces prennent soin de leur progéniture. Les espèces se reproduisant sur un substrat déposent dans leur territoire de nombreux petits œufs sur le bois, les pierres ou les feuilles. Les deux parents ou un seul s'occupent des œufs et des jeunes pendant plusieurs semaines et défendent leur territoire. La plupart des espèces se reproduisant sur un substrat forment des couples ou des harems (un mâle avec plusieurs femelles), qui restent associés pendant longtemps. Les espèces qui élèvent les jeunes dans leur bouche (incubateurs bucaux), en revanche, forment rarement des couples stables. Directement après la ponte, ils prennent en bouche les œufs ou les jeunes jusqu'à un certain âge et peuvent ainsi transporter leur progéniture. Ici également la répartition des rôles varie d'une espèce à l'autre.

Association: pendant la période de reproduction au moins, toutes les espèces défendent leur territoire. D'autres espèces de poisson peuvent alors être pourchassées, alors que tous cohabitaient précédemment.

Les Cichlidés nains

Ces petits Cichlidés, mesurant jusqu'à 10 cm, sont particulièrement bien adaptés aux aquariums d'ensemble en raison de leur petite taille.

Mode de vie dans la nature : la plupart des Cichlidés nains occupent les zones plates, près des rives couvertes de plantes, de bois morts et de feuilles tombées. Là, ils recherchent des larves d'insectes, par exemple.

Maintenance et reproduction : maintenir, dans des bacs plantés, les espèces

En haut à droite :
Pseudocrenilabrus nicholsi.

En bas à droite : Borelli
(Apistogramma borellii).

En bas : Ramirezi
(Microgeophagus ramirezi)
d'Amérique du Sud.

se reproduisant sur le fond, par couples (*Anomalochromis* et *Pelvicachromis*, originaires d'Afrique occidentale, *Laetacara* et *Microgeophagus* d'Amérique du Sud) ou à raison d'un mâle pour plusieurs femelles (*Apistogramma* et *Dicrossus* d'Amérique du Sud, *Nanochromis* d'Afrique centrale, les incubateurs bucaux nains d'Afrique orientale). Dans des aquariums plantés, pas trop densément occupés, quelques jeunes poissons montent souvent vers la surface et on peut complémenter leur nourriture par des nauplies d'artemias.

Dimorphisme sexuel : les mâles

37

En haut :
Dicrossus filamentosus.

En bas : *Laetacara curviceps.*

sont plus grands. Chez les espèces de *Pelvicachromis* sp. et de *Nanochromis* sp., les femelles sont plus colorées.

Alimentation : nourriture déshydratée, vivante et congelée de petite taille.

Association : peuvent cohabiter avec de petits poissons ne délimitant pas de territoire et occupant la partie supérieure et moyenne du bac.

Cichlidé émeraude
(Pelvicachromis taeniatus).

Cichlidés nains

Espèce	Taille	Bac	Type d'eau	Température	Photo
Agassizi *Apistogramma agassizii*	10 cm	80 cm	1 – 3	26 – 29 °C	couverture avant
Apisto cacatois *Apistogramma cacatuoides*	9 cm	80 cm	2 – 6	26 – 29 °C	p. 99
Apistogramma reitzigi	6 cm	50 cm	2 – 5	24 – 26 °C	p. 37 en bas
Dicrossus filamentosus	9 cm	80 cm	1 – 2	25 – 29 °C	p. 38 en haut
Laetacora curviceps	8 cm	60 cm	2 – 5	26 – 30 °C	p. 38 en bas
Ramirezi *Microgeophagus ramirezi*	5 cm	50 cm	1 – 3	27 – 30 °C	p. 104
Cichlidé de Thomas *Anomalochromis thomasi*	8 cm	60 cm	2 – 5	24 – 28 °C	– – – – –
Cichlidé pourpre *Pelvicachromis pulcher*	10 cm	80 cm	2 – 5	25 – 28 °C	couverture arrière
Cichlidé émeraude *Pelvicachromis taeniatus*	8,5 cm	60 cm	2 – 5	25 – 28 °C	p. 39
Pseudocrenilabrus nicholsi	8 cm	80 cm	3 – 6	23 – 26 °C	p. 37 en haut
Incubateur bucal d'Egypte *Pseudocrenilabrus multicolor*	8 cm	80 cm	3 – 6	23 – 27 °C	p. 118
Nanochromis transvestitus	6 cm	50 cm	1 – 3	27 – 29 °C	p. 108/109

Discus et Scalaires

Ces poissons d'Amazonie sont les rois des aquariums. Ils passent pour des poissons exigeants. Si cette réputation est un peu exagérée, quelques conditions essentielles doivent cependant être remplies.

Mode de vie dans la nature : toutes les espèces sont grégaires dans la nature, où elles vivent par groupes de plusieurs douzaines d'individus. Ils se reposent le plus souvent dans les ramifications d'arbres tombés dans l'eau, mais également entre les rochers. Les couples ne s'isolent que pour la reproduction. Ils se nourrissent de larves d'insectes et de petites crevettes d'eau douce et de vers.

Maintenance et reproduction : les Discus comme les Scalaires nécessitent de grands bacs d'au moins 50 cm de haut. Ainsi, on peut les maintenir en un petit groupe de 6 à 8 exemplaires en respectant leur mode de vie naturel. Des racines dressées, un fond sombre et une lumière diffuse reproduisent les conditions naturelles. De grandes plantes en rosette (par exemple, *Echinodorus* sp.) qui aiment l'ombre complètent le tableau. Lorsque l'eau présente les caractéristiques voulues, les poissons fraient en aquarium également, sur un morceau de racine ou sur une feuille. Dans les bacs faiblement occupés, on peut observer l'extraordinaire soin que les Discus apportent à leur progéniture : les jeunes animaux se nourrissent pendant un moment du mucus de leurs parents, avant de passer ensuite aux artemias.

Dimorphisme sexuel : à peine reconnaissables. On reconnaît, uniquement avant le frai, la papille des mâles qui pointe vers l'arrière.

Alimentation : outre la bonne qualité de l'eau, la qualité de la nourriture est le facteur le plus important, car si elle est mal adaptée ou mal équilibrée, des maladies apparaissent rapidement. Dans le commerce, on trouve de la nourriture déshydratée ou congelée spécialement

Les Scalaires *(Pterophyllum scalare)* sont grégaires et leur bac doit avoir au moins 50 cm de haut.

Il existe des variétés de Discus (Symphydodon aequifasciatus) de différentes couleurs.

donner uniquement de la nourriture spéciale. Pour varier le menu, on peut donner des petites crevettes congelées, des cyclopes et des petites larves de moustique.

Conseils : éviter de les nourrir avec des tubifex et des larves de moustiques rouges car il est impossible d'être sûr de leur faible teneur en substances toxiques.

Association : les Characidés paisibles, les Cichlidés nains, Silures cuirassés et Corydoras peuvent être associés sans problème aux Discus et Scalaires, tant que l'aquarium reste calme. Les pensionnaires trop agités sont un facteur de stress.

Attention : les Scalaires mangent quelquefois les petits Characidés minces, par exemple les Néons.

étudiée pour les Discus, convenant également pour les Scalaires. Toutefois, veillez à ce que ces mélanges ne contiennent pas de cœur de bœuf, ni de poudre de lait (bien lire la notice sur la boîte). On peut

Scalaires et Discus

Espèce	Taille	Bac	Type d'eau	Température	Photo
Scalaire *Pterophyllum scalare*	15 cm	80 cm	2 – 5	24 – 28 °C	p. 40, 96/97
Scalaire altum *Pterophyllum altum*	18 cm	120 cm	1 – 2	27 – 29 °C	p. 117
Discus *Symphosodon aequifasciatus*	18 cm	120 cm	2 – 4	27 – 30 °C	p. 41/couverture avant

Grands Cichlidés

Les espèces présentées ici, dont le corps mesure de 10 à 30 cm de long, sont les plus appréciées.

Mode de vie dans la nature : *Archocentrus nigrofasciatus* et le Gorge de feu sont originaires des ruisseaux d'Amérique centrale aux eaux limpides et se nourrissent principalement de larves d'insectes, mais également de substances végétales. *Mesonauta* et *Heros*, paisibles mais grands, occupent les couches moyenne et supérieure des cours d'eau calmes d'Amérique du Sud où se trouvent de nombreux éléments immergés (bois morts, plantes aquatiques). Parmi les trois espèces africaines, les agressifs *Hemichromis* sp. rouges sont les plus adaptables, car ils occupent aussi bien les eaux troubles en savane que les ruisseaux limpides de la forêt tropicale. *Steatocranus casuarius* vit uniquement sur le fond rocheux des rivières congolaises au cours rapide. *Chromidotilapia finleyi* est spécialement adapté à la forêt tropicale africaine où il préfère les ruisseaux limpides.

Maintenance et reproduction : toutes les espèces nécessitent un aquarium avec des structures immergées où les espèces vivant dans le fond trouvent un abri. A cet effet, les pierres creuses et plates conviennent parfaitement. Les espèces se reproduisant sur le fond y déposent également leurs œufs; les mâles et les femelles du couple de *Chromidotilapia finleyi* se relaient pour les soins de la progéniture.

Dimorphisme sexuel : les mâles sont plus grands, souvent avec des bosses sur la tête.

Alimentation : nourriture déshydratée très riche en fibres et nourriture vivante ou congelée riche.

Association : associer uniquement à des poissons de taille moyenne ou grande, calmes, dans de grands aquariums.

En haut : Gorge de feu (*Thorichthys meeki*).

En bas : *Archocentrus nigrofasciatus*, originaire d'Amérique centrale, préfère les eaux dures.

**Le Cichlidé drapeau
(Mesonauta insignis)** occupe
la partie supérieure du bac.

Grands Cichlidés

Espèce	Taille	Bac	Type d'eau	Température	Photo
Archocentrus nigrofasciatus	15 cm	100 cm	5 – 6	23 – 27 °C	p. 42 en bas
Gorge de feu *Thorichthys meeki*	15 cm	100 cm	3 – 6	24 – 27 °C	p. 42 en haut
Cichlidé drapeau *Mesonauta sp.*	jusqu'à 20 cm	à partir de 120 cm	2 – 5	26 – 30 °C	p 43 à gauche
Heros sp.	jusqu'à 30 cm	à partir de 120 cm	2 – 5	25 – 29 °C	couverture arrière
Cichlidé rouge du genre **Hemichromis** *Hemichromis sp. rouge*	11 cm	100 cm	2 – 6	24 – 29 °C	couverture avant
Steatocranus casuarius	14 cm	80 cm	3 – 6	24 – 28 °C	couverture avant
Chromidotilapia finleyi	10 cm	80 cm	2 – 5	24 – 27 °C	couverture arrière

Cichlidés du lac Tanganyika

Plusieurs centaines d'espèces de Cichlidés vivent exclusivement dans le lac Tanganyika en Afrique orientale.

Mode de vie dans la nature : toutes les espèces citées vivent sur les amas rocheux qui parsèment les rives du lac. Seuls les Cichlidés conchylicoles ont abandonné la protection des crevasses rocheuses. Au cours de l'évolution, leur taille s'est tellement modifiée qu'ils peuvent s'abriter dans les nombreuses coquilles de mollusques vides qui jonchent le fond du lac. Toutes les espèces se nourrissent de petits crustacés et de larves d'insectes.

Maintenance et reproduction : pour s'abriter et déposer leurs œufs, les Cichlidés conchylicoles n'ont besoin que de quelques coquilles d'escargot vides déposées sur une couche de sable fin. Les autres espèces doivent disposer de grottes pour se reproduire ou d'amas de pierres avec de nombreuses crevasses horizontales et verticales, où chaque animal peut se réfugier.

Dimorphisme sexuel : les mâles deviennent plus grands que les femelles (excepté les Cichlidés de type *Julidochromis*).

Alimentation : un mélange de nourriture déshydratée et de crustacés congelés ainsi que d'artemias vivantes s'est révélé efficace.

Association : dans les grands bacs, ils cohabitent avec d'autres Cichlidés du Tanganyika ou avec des poissons restant petits, grégaires, qui supportent une eau dure alcaline.

En haut : Lamprologus citron (Neolamprologus leleupi).

En haut : Chez *Julidochromis regani*, les femelles deviennent souvent plus grandes que les mâles.

En bas à gauche : *Neolamprologus brevis sp.* Daffodil est étroitement apparenté à *Neolamprologus brichardi.*

Cichlidés du lac Tanganyika

Espèce	Taille	Bac	Type d'eau	Température	Photo
Neolamprologus aff. brichardi	15 cm	100 cm	5 – 6	25 – 27 °C	p. 44 en bas
Neolamprologus multifasciatus	5 cm	50 cm	5 – 6	25 – 27 °C	couverture arrière/ avant
Lamprologus citron *Neolamprologus leleupi/N. longior*	11 cm	80 cm	5 – 6	25 – 27 °C	p. 44 en haut
Lamprologus ocellatus	5 cm	60 cm	5 – 6	25 – 27 °C	couverture arrière
Regani *Julidochromis regani*	12 cm	80 cm	5 – 6	25 – 27 °C	couverture p. 45 en haut
Altolamprologus compressiceps	14 cm	100 cm	5 – 6	25 – 27 °C	– – – – –

Cichlidés du lac Malawi

On appelle également «poissons des coraux d'eau douce», les Cichlidés du lac Malawi en Afrique orientale. Avec leurs couleurs vives, ils méritent bien leur nom.

Mode de vie dans la nature : la plupart des espèces fréquemment maintenues dans les aquariums proviennent de la région rocheuse du lac Malawi, long de plus de 700 kilomètres. Les espèces du genre *Pseudotropheus*, *Melanochromis* et *Labidochromis* se nourrissent d'algues et de petites proies qui vivent dans les algues, dans des eaux calmes recouvrant la surface des rochers où pénètrent les rayons du soleil. Elles se nourrissent également de petits crustacés vivant en eau libre. On les appelle globalement «Mbuna». En revanche, les espèces du genre *Aulonocara* sont de paisibles habitants de l'ombre des grottes, et se nourrissent de petits animaux se cachant dans le sable. *Sciaenochromis* est un poisson vorace des fonds sableux.

Maintenance et reproduction : toutes les femelles Cichlidés du Malawi se rangent parmi les incubateurs buccaux. Les mâles colorés défendent un territoire

dans lequel ils paradent devant les femelles et fraient avec elles. Les couples sont cependant éphémères. Il faut toujours maintenir plusieurs femelles avec un mâle, afin d'éviter qu'une femelle seule soit trop sollicitée.

Dimorphisme sexuel : les mâles sont plus colorés. Les mâles ont des taches en forme d'œufs qui ressemblent aux œufs des femelles.

Alimentation : nourriture déshydratée végétale et petits crustacés (artemias, Mysis, cyclopes).

Association : éviter de mettre les Mbunas agressifs en présence d'autres espèces plus paisibles du Malawi, sauf dans de très grands aquariums de plus de 150 cm.

En haut : Contrairement au mâle représenté, les femelles du Cichlidé cobalt (*Melanochromis johannii*) ont des couleurs orange.

abinochromis sp. «yellow» est **un des Cichlidés du Malawi es plus appréciés.**

n bas à gauche :
e Cichlidé-fée *(Aulonocara 'acobfreibergi)* doit être associé à des poissons calmes.

Cichlidés du lac Malawi et du lac Victoria

Espèce	Taille	Bac	Type d'eau	Température	Photo
Cichlidé cobalt *Melanochromis johannii*	9 cm	100 cm	5 – 6	25 – 28 °C	p. 46 en haut
Cichlidé zèbre du Malawi *Pseudotropheus-spec.*	7 à 13 cm	100 à 120 cm	5 – 6	25 – 28 °C	p. 110
Sciaenochromis freyeri	17 cm	150 cm	5 – 6	25 – 28 °C	p. 114
Cichlidé-fée *Aulonocara-jacobfreibergi*	13 cm	100 cm	5 – 6	25 – 28 °C	p. 46 en bas
Labidochromis spec. «yellow»	10 cm	100 cm	5 – 6	25 – 28 °C	p. 47
Lodotropheus sprengerae	11 cm	100 cm	5 – 6	25 – 28 °C	– – – – –

Killies

<u>Caractéristiques distinctives</u> : poissons allongés et colorés, à dos plat.

<u>Mode de vie dans la nature</u> : la plupart des espèces vivent isolées, dans des ruisseaux de la forêt équatoriale en Afrique (*Aphyosemion, Epiplatys*), en Amérique du Sud (*Rivulus*) ou en Asie (*Aplocheilus*). Là, elles recherchent des insectes à l'abri des feuilles tombées. *Procatopus* est un poisson insectivore grégaire, vivant en eau libre dans des ruisseaux limpides de la forêt équatoriale.

<u>Reproduction</u> : ils déposent leurs œufs sur différents substrats, sans en prendre soin.

<u>Dimorphisme sexuel</u> : les mâles sont plus grands et plus colorés.

<u>Maintenance</u> : les bacs sombres, plantés et avec des racines, offrent aux mâles agressifs la possibilité de constituer de petits territoires. *Procatopus* a besoin de la présence de congénères, d'espace pour nager et d'un courant faible.

<u>Alimentation</u> : drosophiles, larves de moustiques et artemias. De nombreuses espèces s'adaptent à la nourriture déshydratée et congelée.

<u>Association</u> : cohabitent avec des poissons grégaires de la même taille, pas trop actifs ou avec de petits Charicidés. Pas de Cichlidés.

Killies

Espèce	Taille	Bac	Type d'eau	Température	Photo
Aphyo bleu acier *Aphyosemion gardneri*	7 cm	50 cm	2 – 4	23 – 27 °C	p. 6/7
Aphyo rayé *Aphyosemion striatum*	5 cm	40 cm	2 – 5	21 – 23 °C	p. 48 en haut
Cap Lopez *Aphyosemion australe*	6 cm	40 cm	2 – 4	21 – 24 °C	p. 48 milieu
Procatopus similis	6 cm	80 cm	2 – 5	22 – 25 °C	p. 48 en bas
Panchax œil-de-lampe *Aplocheilichthys macrophthalmus*	3,5 cm	40 cm	2 – 5	25 – 28 °C	– – – – –
Panchax rayé *Aplocheilus lineatus*	12 cm	80 cm	2 – 6	24 – 29 °C	p. 49
Epiphatys rayé *Epiplatys dageti monroviae*	6 cm	50 cm	2 – 5	23 – 26 °C	– – – – –
Rivulus *Rivulus xiphidius*	3,5 cm	40 cm	2	23 – 25 °C	p. 124

En haut à gauche :
Aphyo rayé
(Aphyosemion striatum).

Au milieu à gauche : Cap
Lopez (Aphyosemion
australe).

En bas à gauche :
Procatopus similis.

En bas à droite :
Panchax rayés dorés.

Anabantidés

<u>Caractéristiques distinctives</u> : ils possèdent un organe respiratoire supplémentaire, le labyrinthe, invisible de l'extérieur.

<u>Mode de vie dans la nature</u> : toutes les espèces se nourrissent de petits animaux aquatiques dans les eaux stagnantes ou à courant faible, avec une végétation dense, de l'Asie du Sud-Est. (Seul le Ctenopoma est originaire d'Afrique).

<u>Alimentation</u> : les mâles des espèces citées construisent un nid de bulles à la surface. Après enlacement, leurs partenaires déposent les œufs dans le nid sur lequel le mâle veille jalousement durant les premiers jours.

<u>Dimorphisme sexuel</u> : les mâles sont plus colorés et généralement plus grands.

Maintenance : bacs densément plantés, sombres, sans courant. Idéalement, les maintenir par couples. Si les mâles sont nombreux, les maintenir uniquement dans de grands bacs.

<u>Nourriture</u> : nourriture déshydratée, occasionnellement proies vivantes.

<u>Association</u> : poissons calmes, grégaires et vivant sur le fond. Pas de Cichlidés.

En haut : le Gourami miel *(Colisa chuna)* est le plus petit des Gouramis.

A gauche : le Macropode *(Macropodus opercularis)* est un des doyens des poissons d'aquarium.

Le Gourami nain grogneur
(Trichopsis pumila) peut
vraiment grogner.

Anabantidés

Espèce	Taille	Bac	Type d'eau	Température	Photo
Combattant *Betta splendens*	6 cm	50 cm	2 – 6	23 – 28 °C	p. 4/5, titre, couv. avant
Gourami nain grogneur *Trichopsis pumila*	4 cm	40 cm	2 – 6	23 – 27 °C	p. 51
Gourami miel *Colisa chuna*	4,5 cm	50 cm	2 – 6	22 – 28 °C	p. 50 en haut
Gourami nain *Colisa lalia*	6 cm	60 cm	2 – 6	24 – 28 °C	p. 59, couv. arrière
Gourami perlé *Trichogaster leeri*	12 cm	100 cm	2 – 4	25 – 29 °C	couv. arrière titre en haut
Gourami bleu *Trichogaster trichopterus*	12 cm	100 cm	2 – 6	22 – 27 °C	p. 87
Macropode *Macropodus opercularis*	10 cm	80 cm	2 – 6	20 – 26 °C	p. 50 en bas
Ctenopoma *Microctenopoma ansorgii*	7 cm	60 cm	2 – 5	23 – 27 °C	– – – – –

Poissons appartenant à d'autres groupes

On peut maintenir de nombreux _Brachygobius et Tateurndina,_ originaires d'Asie du Sud et de Nouvelle-Guinée, même dans de petits bacs. Le Gobie à anneau d'or, poisson d'eau saumâtre, nécessite un apport de sel (sel de cuisine non iodé, sans additif ; 2 cuillères à café pour 10 litres). Ne pas associer ces poissons à d'autres espèces! Maintenir le _Badis commun,_ originaire d'Asie du Sud-Est, comme les Anabantidés. Les mâles ne construisent pas de nid de bulles. Nourrir avec de petites proies vivantes.

La perche de verre, originaire d'Asie, est un poisson grégaire que l'on nourrit avec des cyclopes et des artemias. Associer à de petits poissons paisibles.

L'anguille épineuse à ocelle, originaire d'Asie du Sud-Est, vit cachée dans des bacs avec des structures solides. Elle peut être nourrie avec différentes proies congelées.

Le poisson-couteau vert, poisson grégaire d'Amazonie, vit sous des végétaux flottants qu'il doit également retrouver en aquarium. Associer uniquement à des poissons vivant sur le fond, mais pas à des

En haut à gauche : Gobie à anneau d'or. *(Brachygobius doriae).*

En bas à gauche : poisson-papillon. *(Pantodon buchholzii).*

En haut à droite : poisson-éléphant. *(Gnathonemus petersii).*

Poisson-couteau d'Afrique **(Xenomystus nigri).**

Cichlidés. Nourrir avec différentes proies vivantes et congelées.

Le poisson-éléphant, originaire des fleuves africains, peut, comme le poisson-couteau vert reconnaître l'environnement et communiquer avec ses congénères par de petites décharges électriques. Les espèces nocturnes, mutuellement agressives, se cachent durant la journée (par exemple, dans des tuyaux en argile). Ne pas donner de nourriture déshydratée, mais des Tubifex humides, durant la nuit.

Le poisson-couteau d'Afrique vit dans les cours d'eau d'Afrique occidentale où les roseaux abondent. Soins iden-

En haut : **Perche de verre** *(Chanda ranga)*.
Au milieu : **Poisson-couteau vert** *(Eigenmannia virescens)*.
En bas : **Poisson-roseau** *(Erpetoichthys calabaricus)*.

tiques au poisson-éléphant. Nourrir avec de la nourriture vivante grossière.

Le poisson-papillon est originaire des marais d'Afrique occidentale. Dans la nature et en aquarium, il se nourrit de gros insectes vivant à la surface de l'eau. Associer à des poissons paisibles, vivant dans la partie inférieure du bac, qui apprécient l'ombre apportée par des plantes flottantes. N'accepte pas de nourriture déshydratée.

Tétraodon lorteti, originaire d'Asie, apprécie les bacs densément plantés et se nourrit uniquement de proies vivantes, principalement de petits mollusques. Ne pas associer à d'autres espèces!

Le poisson-roseau habite les marais d'Afrique occidentale et vit en groupe sur le fond dans des aquariums plantés et où il dispose de nombreuses cachettes. Bien fermer l'aquarium. Nourrir avec de la nourriture vivante ou congelée grossière.

Les soles d'eau douce, originaires d'Amérique du Sud, doivent disposer d'un fond de sable et ne pas être dérangées par d'autres espèces vivant sur le fond. Au besoin, nourrir la nuit pour qu'elles puissent accéder à la nourriture.

Poissons appartenant à d'autres groupes

Espèce	Taille	Bac	Type d'eau	Température	Photo
Gobie à anneau d'or *Brachygobius doriae*	3,5 cm	40 cm	5,6	27 – 30 °C	p. 52 en haut
Dormeur à queue ocellée *Tateurndina ocellicauda*	5 cm	40 cm	2 – 5	26 – 29 °C	p. 73
Badis commun *Badis badis*	6 cm	50 cm	2 – 6	25 – 28 °C	couverture avant
Perche de verre *Chanda ranga*	5 cm	50 cm	5,6	25 – 29 °C	p. 54 en haut
Anguille épineuse à ocelle *Macrognathus aculeatus*	25 cm	100 cm	2 – 5	24 – 28 °C	p. 77
Poisson-couteau vert *Eigenmannia virescens*	35 cm	150 cm	2 – 5	25 – 29 °C	p. 54 milieu
Poisson-éléphant *Gnathonemus petersii*	23 cm	120 cm	2 – 5	24 – 28 °C	p. 53 en haut
Poisson-papillon *Pantodon buchholzii*	12 cm	100 cm	2 – 5	27 – 30 °C	p. 52 en bas
Poisson-couteau d'Afrique *Xenomystus nigri*	23 cm	150 cm	2 – 5	26 – 29 °C	p. 53 en bas
Tétraodon lorteti *Carinotetraodon lorteti*	6 cm	50 cm	2 – 4	24 – 28 °C	p. 100
Poisson-roseau *Erpetoichthys calabaricus*	37 cm	100 cm	2 – 5	26 – 29 °C	p. 54 en bas
Sole d'eau douce *Achirus-Arten*	environ 10 cm	60 cm	2 – 5	26 – 29 °C	– – – – –

Maintenance et soins corrects

La coloration et la vitalité de vos poissons témoignent de la qualité des soins que vous leur prodiguez.

L'eau, élément vital

La qualité de l'eau de l'aquarium détermine la qualité de l'environnement des poissons qui y vivent. Pour que les poissons restent sains, il faut que l'eau de l'aquarium soit toujours propre et que ses caractéristiques conviennent à chaque type de poissons présents.

Les nombreuses propriétés de l'eau

Le bien-être de chaque espèce aquatique suppose un cocktail particulier de substances dissoutes dans l'eau.

Les facteurs importants de la qualité de l'eau dans l'aquarium sont la teneur en produits de dégradation (principalement les nitrates), la teneur en éléments déterminant la dureté de l'eau, l'acidité (pH) et la teneur en gaz dissous (oxygène et dioxyde de carbone). Comme on ne peut pas distinguer ces éléments à l'œil nu, leur teneur doit être mesurée par des réactifs chimiques simples disponibles dans le commerce. Ces mesures indiquent si l'eau est à changer et ce qu'il faut changer pour que tout soit en ordre dans l'aquarium.

Cycle des produits de dégradation dans l'aquarium

Les produits de dégradation biologique toxiques dans l'eau de l'aquarium proviennent de l'urine et des excréments des poissons, des restes de nourriture qui pourrissent, ainsi que des animaux et plantes en décomposition. Les bactéries utiles, présentes dans le fond, dans l'eau et surtout dans le filtre de l'aquarium, transforment ces substances par une chaîne de réactions chimiques, les nitrates (NO_3) étant le produit final. Les nitrates sont toxiques et ne sont pas décomposés en éléments plus simples. Certes, les nitrates servent d'engrais aux plantes aquatiques qui abaissent ainsi leur teneur dans l'eau de l'aquarium. Toutefois, la croissance des plantes est habituellement insuffisante pour maintenir une faible concentration en nitrates. C'est pourquoi il faut éliminer régulièrement les nitrates présents dans l'aquarium.

Mesure et élimination des nitrates (NO_3)

On peut mesurer aisément et rapidement la teneur en nitrates à l'aide de bandelettes disponibles dans le commerce. Idéalement, les valeurs devraient être inférieures à 20 mg/l. Lorsqu'elles excèdent 50 mg/l, les nitrates doivent être éliminés de l'aquarium en changeant l'eau.

CONSEIL

On oublie aisément de changer l'eau régulièrement. Il est donc utile de placer une fiche avec un crayon dans un sac en plastique que l'on fixe sur un côté de l'aquarium. Indiquez-y chaque fois la date du changement d'eau. C'est un bon moyen de vous en souvenir.

Le Gourami nain, *Colisa lalia*, construit un nid de bulles à la surface de l'eau.

Ruisseau de la forêt équatoriale dans les basses terres au Cameroun. L'eau de l'aquarium doit être aussi claire et peu chargée.

Malheureusement, l'eau de distribution peut elle-même contenir des concentrations allant jusqu'à 50 mg/l. Dans des régions où l'eau de distribution est aussi chargée (valeurs précisées par l'administration de la ville ou de la commune), la seule chose à faire est de mélanger l'eau du robinet avec de l'eau déminéralisée (→ problèmes d'entretien, page 114).

La dureté de l'eau

La dureté de l'eau de distribution varie selon l'endroit où vous habitez.

Par dureté de l'eau on entend la teneur en éléments respon-

sables de la dureté. En aquariophilie, la dureté due aux carbonates (dureté carbonatée) est particulièrement importante. Elle fait partie d'un ensemble de trois paramètres importants étroitement corrélés : dureté de l'eau, acidité (pH) et teneur en dioxyde de carbone.

La dureté carbonatée représente normalement 80 % de la dureté totale et est exprimée en «degré de dureté carbonatée» (°dKH). La différence entre la dureté totale (°dGH) et la dureté carbonatée est appelée dureté non carbonatée.

Les eaux dites «douces» ont une faible dureté tandis que les

CONSEIL

Environ 70 % des poissons présentés dans ce livre et près de 100 % des plantes ont besoin d'une eau ayant un pH compris entre 6,8 et 7,5 et une dureté totale (dont 80 % de dureté carbonatée) de 8-16°dGH. Ces valeurs sont souvent celles de l'eau de distribution normale.

eaux «dures» ont un degré élevé.

Mesure et modification de la dureté de l'eau

Pour de nombreux poissons et plantes, l'eau doit avoir une dureté, en particulier une dureté carbonatée, précise. Il faut donc déterminer la dureté totale et la dureté carbonatée de l'eau de distribution avec des réactifs disponibles dans le commerce. Il est souhaitable de les mesurer avant d'aménager l'aquarium, afin de savoir quels types de poissons et de plantes on peut maintenir avec l'eau de distribution locale.

Diminuer la dureté de l'eau : pour diminuer la dureté de l'eau, on mélange l'eau du robinet avec des proportions déterminées d'eau déminéralisée, obtenue au moyen d'une installation d'osmose inverse ou achetée par petites quantités en droguerie. On détermine la proportion d'eau déminéralisée nécessaire par rapport à l'eau de distribution par le «calcul en croix» :

■ Degré de dureté de l'eau déminéralisée (0°) - degré de dureté souhaité = proportion d'eau déminéralisée.(Eliminer le signe moins!)

■ Degré de dureté de l'eau de

distribution - degré de dureté souhaité = proportion d'eau de distribution.

Exemple : votre eau de distribution a une dureté carbonatée de 16° (16°dKH) et vous voulez une eau d'aquarium à 4°dKH. Mélangez 12 parties d'eau déminéralisée avec 4 parties d'eau du robinet.

Une fois la dureté de l'eau ajustée dans l'aquarium, utilisez les mêmes proportions pour le mélange à chaque changement d'eau.

Elever la dureté de l'eau : Afin d'élever la dureté de 1°dKH, ajoutez, pour 100 l d'eau, 3,0 g d'hydrogénocarbonate de sodium (disponible en pharmacie) dans l'aquarium.

Acidité (pH)

Certains éléments en solution dans l'eau déterminent sa dureté et d'autres, son acidité.

Selon la teneur en éléments acides, on dispose d'une eau acide, neutre ou alcaline (= basique). L'acidité est exprimée en unités pH. Un pH inférieur à 7 représente une eau acide, un pH supérieur à 7, une eau alcaline et un pH de 7, une eau neutre.

La plupart des poissons d'aquarium apprécient un pH situé entre 6,5 et 7,5 ; certains ont

Melanotaenia praecox **dans un petit aquarium.**

cependant des exigences particulières.

La teneur en éléments modifiant le pH est plus importante que le pH lui-même. Dans l'aquarium, le pH est principalement influencé par deux éléments : le dioxyde de carbone et les carbonates. En solution dans l'eau, ces deux éléments s'influencent réciproquement : le dioxyde de carbone acidifie, les carbonates alcalinisent. En simplifiant, une dureté carbonatée élevée produit un pH élevé, tandis qu'une teneur élevée en dioxyde de carbone abaisse le pH. En outre, les substances humiques, contenues par exemple dans la tourbe, abaissent le pH.

Mesure du pH : pour une mesure exacte, ou pour un contrôle électronique du pH, il faut utiliser un pH-mètre électronique (→ distributeur de CO_2, page 68). Des indicateurs de pH sont disponibles dans le commerce, mais les mesures sont relativement grossières.

Modifier le pH : comme le pH est principalement influencé par la dureté carbonatée et par la teneur en dioxyde de carbone dans l'eau, on peut le modifier en jouant sur la teneur de ces deux éléments (mesure et modification de la dureté de

© Takashi Amano, Aqua Design Amano Co., Ltd.

l'eau, → page 61 et celle du dioxyde de carbone, voir ci-après). On peut également modifier le pH par filtration sur tourbe (→ matériaux de filtration, page 71).

Le dioxyde de carbone (CO₂)

En solution dans l'eau de l'aquarium, ce gaz présent dans l'air remplit deux fonctions importantes. Premièrement, il est l'élément acidifiant le plus important et il influence donc le pH. Deuxièmement, il constitue un élément nutritif important pour les plantes. Les plantes utilisent le dioxyde de carbone pour synthétiser la matière vivante avec l'énergie de la lumière. Le carbone provient en effet du CO_2 dissous dans l'eau.

Déterminer et élever la teneur en dioxyde de carbone : comme la dureté de l'eau et le pH sont chimiquement corrélés, la teneur en dioxyde de carbone peut être estimée à partir de ces deux valeurs (→ tableau page 69). Pour comparer plusieurs concentrations de CO_2 dans un même aquarium, il importe de faire les mesures au même moment dans la journée, car les valeurs changent selon

Le Tétra-diamant (*Moenkhausia pittieri*) n'arbore ses magnifiques couleurs que dans une eau d'aquarium propre.

Les poissons peuvent-ils se noyer ?

Oui, de nombreux poissons peuvent effectivement se noyer . Chaque poisson a besoin d'oxygène pour respirer. La plupart d'entre eux le trouvent dans l'eau. Mais il existe certains poissons qui prélèvent l'oxygène de l'air. Ces poissons, par exemple les Anabantidés, possèdent à cet effet un organe particulier. Celui-ci fonctionne un peu comme nos poumons. Si on empêche les poissons d'accéder à la surface de l'eau, pour y respirer de l'air, ils peuvent «se noyer». Les Anabantidés vivent souvent dans des eaux marécageuses chaudes. Là, l'eau contient très peu d'oxygène. Aussi ils doivent respirer à la surface de l'eau. Très peu de poissons sont capables de vivre dans des eaux marécageuses chaudes.

un cycle quotidien (le matin, les plantes n'ont pas encore consommé beaucoup de CO_2). La concentration dans l'eau doit être de 15 à 20 mg/l pour obtenir une croissance végétale vigoureuse. La teneur ne doit pas descendre en-dessous de 10 mg/l dans les aquariums plantés. Si nécessaire, on enrichit en CO_2 avec des dispositifs spéciaux (→ page 72).

L'oxygène

Les poissons et les plantes ont besoin d'oxygène pour respirer. Normalement, la concentration dans l'eau est toujours suffisante, si la surface de l'eau mise en circulation par le filtre est agitée, si le bac n'est pas surpeuplé et si la nourriture n'est pas trop abondante (la décomposition de la nourriture consomme de l'oxygène). En outre, l'élévation de la température entraîne une diminution de la concentration en oxygène car ce gaz se dissout moins bien dans l'eau chaude que dans l'eau froide.

Une bonne croissance végétale apporte un supplément d'oxygène pendant la journée car, en présence de lumière, les plantes transforment le dioxyde de carbone en libérant de l'oxygène. La quantité libérée est supérieure à la quantité consommée par les plantes elles-mêmes pour leur respiration.

Durant la nuit, en revanche, les plantes consomment l'oxygène, exactement comme les poissons. En cas d'oxygénation insuffisante (lenteur des mouvements et respiration rapide des poissons dans l'eau), il faut augmenter l'aération et diminuer la température, à condition que les poissons puissent supporter ce changement, et, éventuellement, éliminer les déchets en décomposition.

65

L'équipement - un must en aquariophilie

Contrairement à ce qui se passe dans la nature, le monde aquatique de l'aquarium n'est pas viable sans l'intervention de l'homme. Seul un équipement adéquat permet d'obtenir une eau claire, une température adéquate, une lumière suffisante et de fournir aux poissons et aux plantes les substances nutritives .

Le bac de verre

L'aquarium en verre sans encadrement, collé avec du silicone, est le système le plus efficace. Il est disponible en différentes dimensions dans les magasins spécialisés, certains ayant plus de 3 mètres de long. La colle de silicone est très durable et le caoutchouc est intimement lié au verre par une réaction chimique, comme si les deux morceaux de verre étaient soudés l'un à l'autre. En outre, avec le collage, il se forme un coussin élastique qui absorbe les dilatations et les petites inégalités qui pourraient provoquer le bris du verre.

Le choix de la couleur (noir ou transparent) et le type de collage (joint ou collage arrondi) n'a d'importance que du point de vue esthétique pour l'aquarium décoratif. En revanche, il est important que vous achetiez un

Aquarium imitant la nature
avec des *Rasbora hengeli.*

© *Takashi Amano, Aqua Design Amano Co., Ltd.*

bac dont l'étanchéité est garantie. Cette garantie prouve que le travail a été soigneusement effectué.

Dimensions du bac : elles dépendent du volume minimal nécessaire aux poissons (→ partie descriptive, à partir de la page 14) et de la place dont vous disposez. D'une façon générale, vos erreurs de maintenance éventuelles seront d'autant moins graves que le volume d'eau est grand. Toutefois, 1 l d'eau pèse 1 kg, aussi, si vos bacs sont grands, assurez-vous que le sol et le meuble puissent les supporter (éventuellement, faites appel à un technicien).

Calculer le nombre de litres contenus dans un aquarium comme suit :

longueur x largeur x hauteur en centimètres = litres : 1 000.

Un bac de 60 x 30 x 36 cm contient donc 64,8 litres. Pour des longueurs identiques, il existe dans le commerce des bacs de différentes largeurs et hauteurs. Les poissons vivant sur le fond et ceux qui délimi-

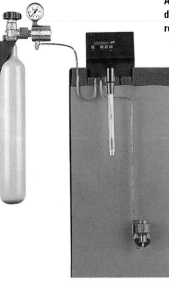

À gauche : distributeur de dioxyde de carbone avec régulation automatique du débit de CO_2 commandée par un pH-mètre.

Filtre interne à moteur avec cartouche en mousse pour petits aquariums.

Installation et fonctionnement d'un distributeur de CO₂

1ʳᵉ étape :
Mesurer la dureté carbonatée dans l'aquarium : pour une dureté carbonatée mesurée, choisissez, dans le tableau ci-dessous, la teneur en CO_2 que vous voulez atteindre et déterminez le pH qui y correspond. Le pH trouvé doit être compatible avec les valeurs supportées par les poissons et les plantes présents. Si la teneur en CO_2 souhaitée ne peut être atteinte dans une gamme de pH convenant aux poissons, avec la dureté carbonatée mesurée, modifiez celle-ci. (Normalement, en amenant à une dureté carbonatée comprise entre 3 et 12 degrés).

2ᵉ étape :
Monter un distributeur de CO_2 : montez un distributeur de dioxyde de carbone complet, suivant la notice fournie, comprenant un indicateur de pH (colorant) ou une électrode de mesure, en cas d'un contrôle électronique du CO_2.

3ᵉ étape :
Dans le cas de contrôle manuel du pH : ouvrez légèrement le pointeau de la bouteille de CO_2 pour que le compteur de bulles compte environ 10 bulles par minute. Vérifiez le pH après 3 heures ; augmentez l'arrivée de CO_2 si le pH est trop élevé et réduisez-la si le pH est trop bas.

Répétez l'opération toutes les 3 heures, jusqu'à ce que le pH voulu soit atteint.
Dans le cas d'un contrôle électronique du pH : ouvrez légèrement le pointeau de la bouteille de CO_2. Programmez la valeur souhaitée du pH comme valeur de consigne. Si le pH n'est pas atteint après 3 heures, augmentez l'arrivée de gaz. Répétez l'opération toutes les 3 heures, jusqu'à ce que la valeur de consigne soit atteinte. Après 3 jours et ensuite toutes les 6 semaines, réétalonnez l'électrode de mesure selon le mode d'emploi.

4ᵉ étape :
Vérifiez quotidiennement le pH, à peu près au même moment de la journée, ainsi que la dureté carbonatée, après chaque changement d'eau ; le cas échéant, réajustez l'arrivée de CO_2 ou la dureté carbonatée.
■ le tableau n'est pas utilisable en cas de filtration sur tourbe. La filtration sur tourbe fausse la mesure car, outre le CO_2, d'autres substances influencent le pH.
■ les parties ombrées sur le tableau correspondent aux teneurs en CO_2 qui sont trop élevées pour les poissons.
■ Teneur en CO_2 exprimée en mg/l.

Estimation de la teneur en CO₂ dans l'eau de l'aquarium

pH → / Dureté carbonatée ↓	6,4	6,6	6,8	7,0	7,2	7,4	7,6	7,8
2 °	25	16	10	7	4	3	2	1
4 °	50	32	20	13	8	5	3	2
6 °	75	50	30	20	12	8	5	3
8 °	100	65	40	25	16	10	6	4
10 °	130	80	50	32	20	13	8	5
12 °	150	100	60	40	24	15	10	6
14 °	180	115	70	45	28	18	11	7
16 °	200	130	80	50	32	20	12	8
18 °	230	145	90	58	36	23	14	9
20 °	250	160	100	65	40	25	16	10

tent des territoires préfèrent des bacs plus plats, alors que la forme du corps de certains poissons (par exemple les Scalaires) impose des aquariums hauts. D'autres types de finition particulière sont possibles. Le bac doit être installé avec soin. Pour que la vitre du fond ne se brise pas, placer une couche de polystyrène de 3 mm d'épaisseur, de la même dimension que le fond de l'aquarium : le polystyrène empêche les petites pierres, etc... d'exercer une pression locale sur la vitre du fond qui pourrait alors éclater. Afin d'assurer la stabilité du bac, vous trouverez dans le commerce des meubles spéciaux dans lesquels vous pourrez également placer le filtre extérieur et d'autres appareils. Le couvercle que l'on fait couper à la bonne dimension par un vitrier (tenir compte du passage des tuyaux et câbles!) empêche les poissons de sauter hors de l'aquarium et évite une trop forte évaporation. Si l'on achète un couvercle avec rampe d'éclairage, on peut éventuellement se passer de couvercle vitré.

La filtration

Une bonne filtration permet d'obtenir une eau claire, avec une faible teneur en substances toxiques.

Le fonctionnement d'un filtre d'aquarium fait intervenir simultanément deux principes de base fondamentalement différents, lorsque l'eau de l'aquarium circule à travers le matériel filtrant sous l'effet d'une pompe :

■ La filtration mécanique «tamise» les saletés les plus grossières à l'aide d'une substance filtrante finement poreuse. Ces éléments grossiers sont certes éliminés du bac, mais ils se trouvent toujours dans le circuit d'eau de l'aquarium. Pour éliminer définitivement les saletés piégées sur le filtre, il est nécessaire de laver régulièrement le matériel filtrant. Nettoyez le filtre, au plus tard lorsque le débit de l'eau à travers le filtre diminue.

■ L'effet biologique du filtre est obtenu par les bactéries qui y sont naturellement présentes (→ page 58). S'il n'y a pas encore de bactéries (par exemple, quand vous venez d'installer l'aquarium), les concentrations en produits toxiques intermédiaires peuvent devenir dangereusement élevées pour les poissons. C'est pourquoi il ne faut pas introduire de poissons dans un nou-

1

2

3

4

ifférents matériaux filtrants :
) filtre en mousse,
) charbon actif,
) anneaux de Siporax®,
) tourbe.

vel aquarium avant 2 semaines au plus tôt. Pour qu'un maximum de bactéries s'installent sur le filtre, la surface filtrante sur le matériel filtrant doit être aussi grande que possible (→ matériel filtrant, à droite). Après 2 semaines, il y a déjà suffisamment de bactéries, pour permettre l'introduction de quelques poissons.

■ Avec des matériaux filtrants spéciaux, on peut obtenir un type de filtration supplémentaire : une filtration chimique, résultant des propriétés du matériau filtrant particulier. Les caractéristiques de l'eau sont modifiées en traversant le filtre. Une filtration chimique permet, par exemple, d'éliminer de l'aquarium des substances toxiques et des médicaments (filtration sur charbon actif) ou d'abaisser le pH (filtration sur tourbe).

Types de filtres
On distingue les filtres internes et externes, suivant qu'ils sont placés dans l'aquarium ou à l'extérieur. Les deux types de filtre peuvent, suivant les modèles, être dotés de matériaux filtrants mécaniquement et biologiquement actifs. Pour des bacs jusqu'à 65 litres, les filtres internes avec mousse

entraînés par un moteur ou par une pompe à air (→ photo page 68) se sont révélés efficaces. Dans de plus grands bacs, il est préférable d'installer des filtres externes plus volumineux (→ photo page 68) ou des filtres internes entraînés par des pompes puissantes. Le filtre externe à action alternative de l'eau et de l'air est un type de filtre assurant une activité biologique très efficace. Un mécanisme permet d'assécher et donc d'aérer le matériau filtrant à intervalles réguliers, pendant un temps court. De cette manière, les bactéries du filtre sont ainsi mieux oxygénées et plus actives. De nombreux filtres externes, appelés combinés avec chauffage, comportent un chauffage intégré qui permet de réchauffer l'eau traversant le filtre.

Matériaux de filtration
L'utilisation de mousse filtrante (bleue) s'est avérée efficace pour les filtres internes, et pour la couche supérieure des filtres externes. Elle forme un bloc d'un seul tenant, facile à retirer de l'aquarium ou du filtre externe. Avec ses pores grossiers, elle ne s'encrasse pas trop vite et offre une surface suffisante pour la colonisation bactérienne. En

outre, elle se conserve long-temps et a donc presque com-plètement supplanté les filtres en coton souvent utilisés dans le passé.

Avec les petits cubes en céra-mique, graviers de filtrage poreux et, en particulier, les anneaux en verre fritté (Siporax®, → dessin), on obtient une filtration biolo-gique optimale dans les filtres externes. Ces matériaux fil-trants offrent des surfaces extrê-mement grandes, susceptibles d'être colonisées par les bacté-ries.

Le charbon actif (→ Remèdes corrects aux problèmes d'entre-tien, page 112) et la tourbe (→ aquarium imitant le milieu naturel, page 109) permettent d'effectuer une filtration chi-mique.

L'idéal est de les placer à l'inté-rieur d'un filet en nylon dans un filtre externe (utilisation et filtration → page 71).

Apport de dioxyde de carbone

Le dioxyde de carbone permet une croissance végétale abon-dante (→ page 65). Si vous uti-lisez le CO_2 pour favoriser la croissance des plantes dans l'aquarium ou pour abaisser le pH, vous devez bien connaître les relations entre la dureté car-bonatée, le pH et la teneur en CO_2 (→ tableau page 69).

Vous obtiendrez un apport opti-mal en CO_2 avec des dispositifs spéciaux (disponibles dans le commerce). Tous les modèles sont construits de manière identique sauf pour le système de contrôle.

Le CO_2 gazeux est stocké dans des bouteilles résistantes à la pression et introduit dans l'aquarium par un tuyau spécial via un détendeur. Un deuxième détendeur permet un réglage précis de la quantité de CO_2 apportée. Pour obtenir une dis-solution optimale du gaz dans l'aquarium et pour éviter qu'il ne s'échappe immédiatement à la surface de l'eau, un diffuseur à CO_2 forme de petites bulles qui traversent l'eau de l'aqua-rium en suivant un chemin aussi long que possible (→ photo page 68). Selon l'appa-reil, la quantité de gaz est contrôlée manuellement avec un compteur de bulles ou au moyen d'un régulateur électro-nique basé sur le pH (installa-tion et fonctionnement du dis-tributeur de CO_2,→ page 69).

Dans le cas d'appareils à réglage manuel, il est prudent de cou-per l'arrivée de CO_2 pendant la nuit, car les plantes ne consom-

CONSEIL

▼

Une température constante dans l'aquarium ne corres-pond pas toujours aux conditions naturelles. Dimi-nuez donc la température une fois par an, par exemple en hiver, de 2°C durant 3 mois. Ceci permet d'imiter la fraîcheur de la saison des pluies. La vitalité de nom-breux poissons s'en trouve améliorée.

Dormeur à queue ocellée
(*Tateurndina ocellicauda*),
poisson calme convenant pour
es petits aquariums.

ment pas de CO_2 durant cette période.

Le chauffage

Bien que la plupart des poissons tropicaux ordinaires apprécient une température tropicale, peu d'aquariophiles savent que les températures des eaux tropicales sont très variables. Il est certain qu'un petit ruisseau de forêt tropicale est nettement plus froid qu'une mare en plein soleil dans la même région. Pour répondre aux besoins des poissons et des plantes dans l'aquarium, on installe un chauffage commandé par un thermostat qui contrôle la température de l'eau. Il existe trois modèles de base :

La résistance droite consiste en une résistance spiralée, entourée d'une enveloppe de verre et introduite dans l'aquarium.

Les filtres combinés avec chauffage ont une résistance chauffante placée dans le cylindre filtrant externe. Une sonde de température se trouve dans l'aquarium et est reliée à l'unité de chauffage du filtre par un câble (→ photo page 68).

Le câble chauffant basse tension : on utilisera de préférence un transformateur et une sonde

de température si l'on souhaite une croissance végétale abondante. On place le dispositif dans le sol de l'aquarium. Comme l'eau chaude monte, il favorise une bonne distribution des substances du sol et les plantes aquatiques ont «les pieds au chaud».

La puissance du chauffage dépend des variations de température dans la pièce où est installé l'aquarium. Si l'on chauffe régulièrement durant les périodes froides de l'année, compter environ 0,5 W/l. Dans les pièces froides, compter 1 W/l. Eviter les appareils de chauffage surdimensionnés car ils échauffent les bacs trop rapidement et provoquent d'importantes variations de température.

L'éclairage

Il joue un rôle important, en particulier pour assurer une croissance végétale saine et vigoureuse.

Il est conseillé de placer l'éclairage dans une rampe intégrée spéciale, au niveau du couvercle. Pour assurer un éclairage optimal, veillez à ce que les lampes soient munies de réflecteurs.

Les tubes fluorescents ont prouvé leur efficacité comme systè-

Les poissons perçoivent-ils les couleurs?

Oui, la plupart des poissons reconnaissent les couleurs. On le remarque, en particulier, chez les mâles durant la période de reproduction. Ils arborent alors une livrée particulièrement colorée destinée à attirer l'attention des femelles. Ils effectuent des parades devant elles. Et ils arrivent à leurs fins. Une expérience intéressante permet de démontrer que les poissons distinguent les couleurs. Les femelles de l'épinoche, poisson de nos rivières, s'apparient plus volontiers avec les mâles rouges. Dans un aquarium, on modifie l'éclairage de telle sorte que les femelles ne puissent plus faire la distinction entre les mâles rouges et les gris. Elles s'accouplent alors aussi fréquemment avec les mâles gris qu'avec les rouges.

me d'éclairage des aquariums d'eau douce. Il existe des tubes de différentes couleurs. Le choix de la couleur n'est pas critique pour la croissance des plantes aquatiques. Toutefois, pour reconstituer une lumière aussi naturelle que possible, la lumière de type «lumière du jour» est la plus appropriée.

Les «lampes pour plantes» supplémentaires, qui projettent une lumière bleu-rouge, augmentent l'effet lumineux bleu des poissons irridescents ou des poissons rouges. Toutefois, elles devraient être utilisées uniquement en combinaison avec des tubes «lumière du jour», car la lumière violette seule n'a pas un rendu naturel. La quantité de lumière a une influence déterminante sur la croissance végétale. Si celle-ci n'est pas capitale et si les plantes ne nécessitent pas une lumière abondante (→ page 85), on peut se contenter d'un bac de 30 cm de largeur et 40 cm de hauteur avec un tube fluorescent de la longueur du bac. Si le bac est plus large et plus haut, deux tubes sont nécessaires. Pour obtenir une croissance végétale luxuriante et si les plantes exigent beaucoup de lumière, passer à 3 ou 4 tubes dans les petits bacs et aller jusqu'à 6 tubes dans les grands bacs de 70 cm de largeur. Sachez cependant également qu'une croissance végétale abondante nécessite davantage d'engrais. Les tubes fluorescents ne peuvent assurer un éclairage efficace des plantes dans des bacs de plus de 60 cm de hauteur.

L'oxygénation
En règle générale, les bacs avec un peuplement normal et dont la surface est agitée par le système de filtration sont suffi-samment oxygénés.

Des problèmes peuvent cependant survenir durant les jours d'été très chauds dans des bacs densément peuplés. De même, dans des bacs où les plantes sont abondantes, un manque d'oxygène peut apparaître durant la nuit, quand les plantes consomment plus d'oxygène qu'elles n'en produisent.

Remède : on peut augmenter l'aération avec des diffuseurs, petits «injecteurs», que l'on raccorde à la sortie d'eau du filtre entraîné par un moteur. Vous pouvez également utiliser un diffuseur en pierre poreuse alimenté par une pompe à air à membrane. Cependant, la forte aération et l'agitation de l'eau résultante, entraînent un dégazage du dioxyde de carbone de l'eau. Aussi, l'aération et un apport de CO_2 ne sont pas compatibles. Avec un système injectant du CO_2, il est donc conseillé d'utiliser un oxydant. Ce dernier fournit de l'oxygène par une réaction chimique consistant à décomposer l'eau oxygénée en oxygène et en eau. **Attention :** ne pas laisser l'eau oxygénée à portée des enfants. Respecter scrupuleusement le mode d'emploi (→ conseils importants, page 127)!

Une installation pratique et esthétique de l'aquarium

Nombreux sont ceux pour qui l'aquarium est un «tableau vivant» produisant un effet esthétique et reposant. Cet effet sera obtenu uniquement si l'idée que vous vous faites d'un bel aquarium correspond aux besoins des poissons et des plantes.

Le fond

Le fond joue un rôle important pour les poissons et les plantes dans l'aquarium : les plantes y trouvent un support et des substances nutritives et c'est là que vivent les bactéries qui dégradent les substances toxiques. L'épaisseur totale du sol dans un aquarium planté devrait être de 6 à 8 cm.

Graviers et sable

L'expérience montre qu'une épaisseur de 6 à 8 cm de graviers de quartz sans calcaire arrondis et beige convient bien. Une granulométrie de 3 à 5 mm est optimale. On peut également utiliser des graviers de lave brune ou des gravillons de basalte noir. Ces types de gravier ont des arêtes coupantes et ne conviennent donc pas aux poissons qui se posent sur le sol comme par exemple les Corydoras. Une couche fine d'environ 2 cm de sable de quartz sans calcaire convient uniquement pour des fonds

dans lesquels les plantes ne s'enracinent pas. De nombreux poissons, par exemple, Achirus sp. ou les Cichlidés conchylicoles creusent le sable. Il est indispensable de leur en fournir.

Important : laver le matériau de fond dans un seau avec de l'eau courante jusqu'à ce que l'eau soit pratiquement limpide avant de l'introduire dans l'aquarium.

<u>Couche de substrat fertilisant :</u> pour la couche inférieure de 1 à 2 cm d'épaisseur dans des aquariums plantés, on utilise du gravier imprégné d'un engrais longue durée (substrat nutrifif) spécial pour les plantes aquatiques. Ne pas laver ce gravier!

Arrière-plan

Un arrière-plan en plastique qui reproduit la nature (→ photo, page 78) fait l'effet d'une rive naturelle dans l'aquarium.

Disposez l'arrière-plan soigneusement dans l'aquarium en fonction du matériau (respectez le mode d'emploi). Pour le décor intérieur, on peut également utiliser un arrière-plan en liège, disponible dans le commerce. Comme arrière-plan externe, utilisez des décors imprimés de motifs immergés ou des cartons d'une seule couleur (→ photo, page 78), que l'on peut fixer avec du papier adhésif.

'anguille épineuse à ocelle
Macrognathus aculeatus) doit
ouvoir trouver de nombreuses
achettes dans l'aquarium.

Marche à suivre

Pour installer un aquarium, suivez le plan indiqué sur cette double page :

1 Placez le bac en verre sur un support en polystyrène. Assurez-vous que le sol et le support résisteront au poids de l'aquarium (→ page 66).

2 Installez les différents appareils (filtre, chauffage, système d'enrichissement en CO_2, éventuellement instruments de mesure), sans les mettre en marche (→ photo 1). A cet effet, respectez le mode d'emploi.

3 Si vous souhaitez installer un arrière-plan intérieur, placez-le dès maintenant, de même que le chauffage s'il est logé dans le fond (→ photo 2). Il sera peut-être nécessaire de modifier ultérieurement la place de plusieurs appareils dans l'aquarium pour obtenir un fonctionnement optimal.

4 Si vous souhaitez installer de grosses pierres, placez, uniquement sous celles-ci, une fine couche de polystyrène sur le fond de l'aquarium. Placez ensuite le décor et éliminez toutes les parties en polystyrène en excès qui pourraient, par la suite, remonter à la surface.

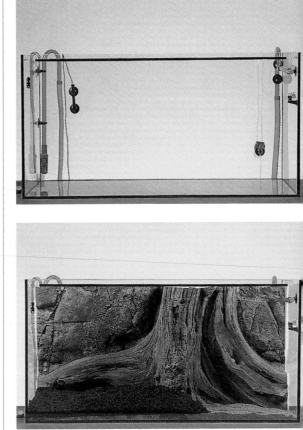

5 Dans les aquariums plantés, placez une épaisseur de graviers de 2 cm avec substrat fertilisant et étalez-la. Au-dessus, placez une couche de 4 à 6 cm de graviers.

Photo 1 : installez les appareil
Photo 2 : placez l'arrière-plan,
le chauffage de fond, la couch
de substrat fertilisant et les
graviers.

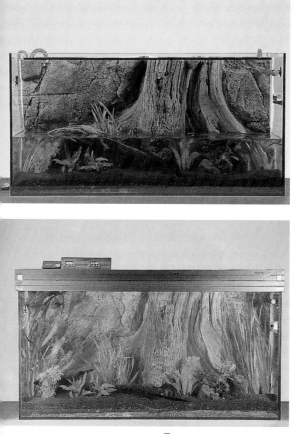

en coton. Introduisez alors prudemment 1/3 du volume d'eau à la bonne température (respectez les caractéristiques de l'eau!). Versez l'eau sur les graviers en brisant le jet avec un petit bol pour éviter de remuer les graviers (→ photo 3).

7 Introduisez ensuite le reste des plantes, remplissez l'aquarium avec de l'eau à la bonne température et mettez les appareils en route. Au début, l'eau sera légèrement trouble. Ajoutez un produit de conditionnement d'eau d'aquarium, disponible dans le commerce. Un oxydant et une solution dite «de démarrage» permettent d'optimiser la phase de démarrage de l'aquarium. A présent, installez l'éclairage (photo 4).

8 Laissez fonctionner l'aquarium au moins 2 semaines jusqu'à ce que les bactéries se soient établies dans l'aquarium et que la croissance des plantes ait démarré. Au besoin, réglez les appareils. La turbidité de l'eau disparaît progressivement.

9 Achetez les poissons quinze jours plus tard seulement et lorsque l'eau est devenue limpide (→ conseils pour l'achat et l'introduction des poissons, page 82).

**Photo 3 : Introduisez les racines et les pierres, remplissez 1/3 du volume d'eau et disposez les plantes.
Photo 4 : achevez de remplir le bac avec l'eau.**

6 Introduisez ensuite les petites pierres et les racines. Si vous utilisez des plantes épiphytes (→ page 82), fixez-les préalablement aux pierres et aux racines avec du fil

Bacs de 120 cm de long avec de nombreuses plantes épiphytes et des Tétras d'Erythrée.

Matériaux de décoration

Différents matériaux de décoration sont utilisés pour aménager l'espace à l'intérieur de l'aquarium. Ils offrent des cachettes aux poissons et un support aux plantes épiphytes :

Les racines ligneuses procurent un environnement «confortable» aux poissons, qui aiment se cacher sous les parties immergées. On trouve dans le commerce des bois qui ne pourrissent pas. Laissez tremper le bois dans l'eau pendant quelques jours dans un grand récipient, afin de dissoudre la plus grande partie des substances acidifiantes et pour que le bois soit bien imprégné d'eau. Les racines ligneuses acidifient l'eau. Aussi, évitez de les utiliser avec des poissons d'eaux alcalines.

Les pierres et les rochers peuvent être en schiste, lave, granit et basalte. N'utilisez pas de pierres calcaires, car celles-ci augmenteraient la dureté de l'eau. Veillez à ce que les pierres ne puissent pas être retournées.

Grottes et tuyaux en argile. De nombreux poissons les utilisent comme cachettes. Humidifiez l'argile dans un seau, pendant un jour au moins.

© Takashi Amano, Aqua Design Amano Co., Ltd.

Conseils pour l'achat et l'introduction des poissons

■ Avant d'acheter, informez-vous sur les besoins particuliers des espèces que vous souhaitez acquérir (→ partie descriptive à partir de la page 14).

■ Choisissez des espèces de poissons qui trouveront dans votre aquarium toutes les conditions qu'elles exigent.

■ Achetez les poissons uniquement quand votre aquarium est installé (→ pages 78/79).

■ Vérifiez que les poissons sont en bonne santé dans les aquariums du vendeur (→ tableau, page 95).

■ Transportez les poissons emballés au chaud, le plus rapidement possible, jusqu'à votre domicile.

■ Equilibrez la température de l'eau du sac contenant les poissons avec celle de l'aquarium. A cet effet, laissez flotter le sac au moins 30 minutes à la surface de l'aquarium.

■ Ensuite, ouvrez le sac et introduisez-y un peu d'eau de l'aquarium.

■ Attendez à nouveau 10 minutes, avant de libérer les poissons dans le bac.

Différents types de plantes aquatiques

<u>Plantes épiphytes :</u> ne poussent pas sur le fond mais sur des pierres ou des racines. Elles trouvent dans l'eau les éléments nutritifs nécessaires. Conseils pour leur plantation et leur maintenance : fixez-les avec un fil de coton aux différentes structures du décor. Plus tard, elles resteront accrochées, même quand le fil sera pourri. Recoupez de temps en temps les coussins de mousse ou retirez les feuilles jaunies.

<u>Plantes en rosette :</u> toutes les feuilles partent d'un même point, au niveau du collet de la racine. Elles sont fortement enracinées et retirent du sol une grande partie des substances nutritives dont elles ont besoin. Selon la taille (→ tableau, page 85), on peut les planter aussi bien à l'avant-plan qu'à l'arrière-plan.

Plantes aquatiques :
1) Fougère aquatique du Congo
2) Fougère de Java,
3) Rotola à feuilles rondes ,
4) Echinodorus noir.

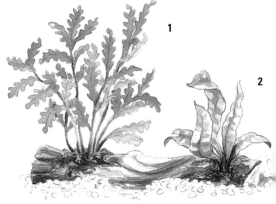

1

2

Conseils pour leur plantation et leur maintenance : dégagez prudemment les racines de la laine minérale dont elles sont éventuellement entourées et recoupez-les avec des ciseaux jusqu'à environ 4 cm. Plantez-les dans un petit trou creusé avec le doigt en évitant d'enterrer le collet de la racine. Retirez de temps en temps les feuilles jaunies.

Plantes à tiges : forment peu de racines, certaines (par exemple Cornifle, Najade, Fougère de Sumatra) peuvent également être cultivées sous forme flottante. Souvent, il leur faut plus de lumière que les plantes en rosette. Conseils pour leur plantation et leur maintenance: coupez le bas des tiges, puis enfoncez prudemment et,

simultanément, trois tiges dans le sol. Si elles se détachent, lestez-les avec du plomb pour plantes. Pour que les tiges soient buissonnantes et que la plante reste jeune, coupez les sommets lorsqu'ils atteignent la surface de l'eau et repiquez-les dans le fond. Retirez prudemment les vieilles tiges.

Plantes flottantes : elles procurent de l'ombre aux couches inférieures et sont très appréciées par les poissons qui vivent sous la surface de l'eau et y cherchent un abri. Les plantes flottantes ne supportent pas le courant. Conseils pour leur maintenance : éclaircissez-les assez souvent.

Entretien des plantes aquatiques

Le substrat constituant le fond de l'aquarium s'épaissit à la longue, ce qui rend le milieu défavorable pour les plantes. Aussi, n'utilisez pas du sable mais du gravier sans calcaire avec une granulométrie de 2 à 5 mm. La présence d'une couche fertilisante garantit l'apport en éléments nutritifs (→ page 76). Un chauffage dans le sol, ainsi que la présence d'escargots de type Limnée qui, en creusant le sol, entretiennent sa porosité, maintien-

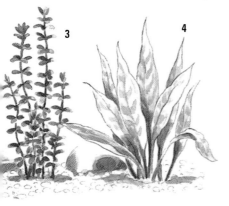

3   4

nent le fond de l'aquarium en bon état pendant une longue période.

Lumière, dioxyde de carbone (CO_2), dureté carbonatée, pH et température de l'eau sont des facteurs d'égale importance. Lisez à ce propos les chapitres «l'eau, élément vital» pages 58 à 65 et «l'équipement - un must en aquariophilie», pages 66 à 75.

Conseils : pour la plupart des plantes, l'optimum se situe à pH 7 et à une dureté de 3 à 12°dKH.

La nutrition minérale, comprenant des sels et des oligo-éléments, est assurée par l'apport régulier d'engrais spéciaux pour les plantes. Comme le fer, élément important, ne peut pas être mélangé dans un flacon avec ces engrais, vous devez acheter, en outre, un engrais spécial fournissant du fer aux plantes. Ajoutez de l'engrais après chaque changement d'eau, mais avec modération. Les besoins d'engrais dépendent de la croissance des plantes. Si elles croissent lentement, la quantité d'engrais nécessaire est moindre et viceversa. Comme le mode d'emploi de l'engrais est prévu pour une croissance végétale vigoureuse, commencez avec une quantité deux fois moindre. Durant les deux premières semaines après l'installation de l'aquarium, la croissance des plantes n'ayant pas encore démarré, évitez tout apport d'engrais. Par la suite, augmentez la quantité régulièrement à chaque changement d'eau jusqu'à ce que vous estimiez que la croissance est optimale, pour autant que l'optimum soit atteint pour les autres facteurs également.

Le tableau de la page de droit présente une liste de plantes aquatiques qui peuvent vivre dans des eaux dont les caractéristiques ont des valeurs moyennes en termes d'eau, de substances nutritive et de lumière : dKH 3 à 12, pH allant jusqu'à 7,5 et 15 à 20 m CO_2/l, deux tubes fluorescents de la longueur du bac, pour des aquariums allant jusqu'à 50 cm en largeur et en hauteu
* indique les espèces qui peuvent également supporter des eaux plus dures.

Plantes aquatiques :
1. Cabombe (→ photo, page 12
2. Vallisnérie commune,
3. Calice d'eau de Haertel,
4. Fougère de Sumatra.

2

1

4

3

Plantes d'aquarium faciles à entretenir

Nom français	Nom latin	Type	Haut. (cm)	Temp. °C
Anubias naine	Anubias barteri var. nana	épiphyte	5 – 15	22 – 28
Fougère de Java	Microsorium pteropus	épiphyte	15 - 30	20 – 28
Mousse de Java	Vesicularia dubyana	épiphyte	mousse	15 – 30
Fougère aquatique du Congo	Bolbitis heudelotii	épiphyte	20 – 50	22 – 26
Calice d'eau de Haertel*	Cryptocoryne affinis	rosette	10 – 40	22 – 26
Calice d'eau à feuilles d'Aponogeton*	Cryptocoryne aponogetifolia	rosette	jusqu'à 100	21 – 27
Calice d'eau de Beckett*	Cryptocoryne beckettii	rosette	10 – 25	22 – 26
Amazone à petites feuilles	Echinodorus amazonicus	rosette	30 – 50	22 – 26
Plante-épée amazone	Echinodorus bleheri	rosette	40 – 60	22 – 28
Echinodorus de Suède	Echinodorus osiris	rosette	40 – 60	18 – 26
Echinodorus noir	Echinodorus parviflorus	rosette	20 – 40	22 – 24
Amazone pygmée	Echinodorus tenellus	rosette	jusqu'à 5	18 – 28
Souchet à feuilles aciculaires	Eleocharis acicularis	rosette	20 – 50	22 – 25
Sagittaire subulaire*	Sagittaria subulata	rosette	10 – 60	18 – 28
Vallisnérie américaine*	Vallisneria americana	rosette	jusqu'à 100	22 – 26
Vallisnérie commune*	Vallisneria spiralis	rosette	30 – 50	20 – 28
Cornifle nageant*	Ceratophyllum demersum	flottant	– – –	18 – 30
Najade de Guadeloupe	Najas guadalupensis	flottant	– – –	20 – 30
Hépatite flottante	Riccia fluitans	flottant	– – –	20 – 27
Petit Bacopa	Bacopa monnieri	tige dressée	– – –	18 – 28
Fougère de Sumatra*	Ceratopteris thalictroides	tige dressée	– – –	22 – 28
Glycine aquatique*	Hygrophila difformis	tige dressée	– – –	24 – 28
Hygrophile géant*	Hygrophila corymbosa	tige dressée	– – –	24 – 28
Hygrophile d'Inde*	Hygrophila polysperma	tige dressée	– – –	22 – 28

L'entretien de l'aquarium sans peine

L'entretien complet d'un aquarium fonctionnant de manière optimale se réduit à étonnamment peu de choses, si vous changez une partie de l'eau chaque semaine.

Objets nécessaires pour l'entretien

■ Deux seaux (12 à 15 l) utilisés uniquement pour l'aquarium.

■ Un tuyau de 2,50 m de long (diamètre externe de 12 à 16 mm) avec une cloche aspirante (système d'aspiration du fond disponible dans le commerce).

■ Grattoir pour vitres, servant à éliminer les algues (par exemple, grattoir magnétique).

■ Une petite épuisette et une grande.

Remplacement hebdomadaire d'une partie de l'eau

En renouvelant régulièrement 25 à 30 % du volume de l'aquarium, vous faites d'une pierre deux coups.

■ Vous éliminez les substances toxiques, principalement les nitrates, accumulées pendant la semaine et que même un bon filtre ne peut pas éliminer.

■ Vous éliminez les restes de nourriture et autres substances organiques en décomposition

avant qu'elles ne se transforment en substances toxiques, si vous aspirez le fond avec un aspirateur au moment du changement d'eau.

■ Vous fournissez des oligo-éléments, présents dans l'eau de distribution et qui sont consommés par les plantes et les poissons au cours de la semaine.

■ Vous stimulez la vitalité de vos poissons avec de l'eau fraîche.

Pour le changement d'eau, procédez comme suit

Retirez les différents appareils. Ensuite aspirez avec un tuyau aspirant, muni à son extrémité d'une cloche aspirante, en recueillant l'eau dans un grand seau. Remplissez autant de seaux que nécessaire avec l'eau de l'aquarium, jusqu'à ce que vous ayez retiré 25 à 30 % du volume du bac. Avec le même tuyau, remplissez à nouveau l'aquarium avec de l'eau contenue dans un seau, à la bonne température et conditionnée si nécessaire.

Dans un aquarium planté, n'oubliez pas l'engrais pour plantes. Replacez les différents appareils. Quelques manipulations supplémentaires, lors du changement d'eau hebdomadaire,

Le Gourami bleu *(Trichogaster trichopterus)* **est peu exigeant sur la qualité de l'eau.**

vous épargneront bien des problèmes par la suite.

■ Eliminez les algues qui poussent sur la vitre frontale et les vitres latérales avec un grattoir magnétique. Si vous ne le faites pas chaque semaine, des algues microscopiques s'installeront et seront très difficiles à éliminer.

■ Remuez prudemment le sol, par exemple avec une cuillère. Ainsi, le substrat restera plus longtemps meuble et vous obtiendrez une bonne croissance végétale.

■ Nettoyez le couvercle. Sans quoi, il se formera rapidement une croûte de calcaire, difficile à enlever.

■ S'il y a un filtre externe, rincez la couche supérieure de matériau filtrant ; dans le cas d'un filtre interne, rincez la cartouche en mousse (supérieure) avec de l'eau chaude mais pas bouillante. Vous éliminerez ainsi une grande quantité de déchets qui ne se transformeront pas en substances toxiques dans le circuit d'eau. La filtration biologique restera active.

Plan d'entretien

■ Observez vos poissons chaque jour pendant quelques minutes après les avoir nourris. Ainsi, vous constaterez rapidement si vos poissons présentent des symptômes de maladies (→ tableau page 95) ou s'il y a des problèmes de maintenance (→ problèmes de maintenance, pages 112 à 117).

■ Vérifiez quotidiennement que l'eau s'écoule bien à travers le filtre, que le pH (avec un indicateur de pH) se situe dans la gamme optimale, que le système fournissant du dioxyde de carbone (contrôler le nombre de bulles) fonctionne et que la température est correcte.

■ De temps en temps, nettoyez la tête de pompe et recoupez les plantes. Toutes les six semaines, recalibrez le pH-mètre électronique si vous en avez un.

■ Renouvelez à temps vos réserves de nourriture. Remplacez les tubes fluorescents chaque année, pour obtenir une croissance végétale vigoureuse.

Alimentation correcte

Les différents types de nourriture disponibles dans le commerce permettent de fournir une alimentation équilibrée et variée à pratiquement tous les poissons.

Un bon aquariophile s'efforce de procurer à chaque espèce de poisson son menu habituel dans la nature.

En effet, on ne peut pas donner n'importe quel type de nourriture, dans les mêmes proportions, à tous les poissons.

La nourriture déshydratée de marque connue constitue une base d'excellente qualité mais très riche pour la plupart des espèces de poissons. Veillez donc à alterner différents types de nourriture. Nourrissez toujours avec de la nourriture déshydratée comportant une proportion végétale riche en fibres (de préférence extraites d'algues du genre Spirulina).

Vous pouvez vous procurer la nourriture déshydratée sous forme de flocons, de granulés et de pastilles. Les flocons sont bien adaptés aux poissons nageant en eau libre. Vous distribuerez des pastilles aux poissons vivant sur le fond et des granulés (ou des «pellets», plus gros) aux Cichlidés.

1. Cyclopes.

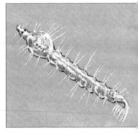

2. Larves de moustique blanche

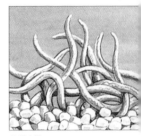

3. Tubifex.

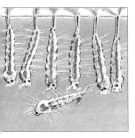

Larves de moustique noires.

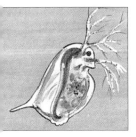

Daphnie.

5. Larves de moustique rouges.

De petits crustacés - congelés ou vivants - de différentes espèces sont disponibles dans le commerce à certaines périodes de l'année (→ dessins 1 et 5). Ils contiennent une plus grande proportion de fibres que la nourriture déshydratée. Il est bon d'alterner les deux types de nourriture. Les plus grands poissons se nourrissent volontiers de petits cyclopes. Les puces d'eau (Daphnia, Bosmina) contiennent la quantité de fibres la plus élevée et ne peuvent servir d'aliment unique à aucune espèce de poissons. Avec de plus grands poissons, on remplacera les petits cyclopes et les puces d'eau par des crevettes congelées de type Mysis et des artemias adultes. Les nauplies d'artémias (bébés artemias) peuvent servir à nourrir régulièrement les jeunes poissons et certaines espèces spécialisées qui se nourrissent uniquement de proies vivantes. L'élevage de nauplies d'artemias est décrit dans la section «nourriture pour jeunes poissons» (→ page 90).

Les larves de moustique congelées ou vivantes constituent une nourriture pouvant remplacer les petits crustacés (→ dessins 2, 4 et 6).

On donnera les larves de moustique blanches aux plus grands poissons, les larves de moustique noires aux plus petits. Les poissons qui se nourrissent d'insectes n'acceptent, comme proies de substitution, que les larves de moustique noires. Ne jamais donner les larves de moustique rouges en trop grande abondance, car elles risquent d'être chargées en substances toxiques.

Les vers tubifex vivants (disponibles dans le commerce) constituent une nourriture riche. N'en distribuez que de temps en temps (→ dessin 3). Placez les vers quelques jours avant le nourrissage dans un seau rempli d'eau. Remplacez l'eau plusieurs fois par jour.

Les insectes constituent une nourriture importante pour de nombreux poissons de surface, en particulier pour les Killies. Les espèces d'insectes les plus petites et les plus fréquemment utilisées sont les drosophiles. Veillez à vous en procurer dans un magasin spécialisé si vous vous intéressez aux Killies. Là, vous pourrez également obtenir de plus grands insectes, par exemple, des grillons et des mites, appréciés par le poisson-papillon.

Placez quelque temps les insectes au réfrigérateur avant le nourrissage, afin qu'ils soient peu actifs et ne s'échappent pas lors du nourrissage.

La nourriture végétale constitue un apport quotidien absolument indispensable pour de nombreux Silures cuirassés, mais également pour d'autres poissons. Vous pouvez essayer les types les plus variés, disponibles en supermarché (les laver soigneusement) par exemple: salade cuite, épluchures de concombre, tranches de pommes de terre crues, petits pois écrasés.

Placez la nourriture de telle sorte que les Silures la trouvent sur le fond, et que vous puissiez retirer le lendemain les restes de nourriture aisément putrescibles. Avec une nourriture équilibrée, il n'est pas nécessaire de donner un complément de vitamines (→ page 91). En outre, il est difficile d'introduire des vitamines, en majorité liposolubles, dans la nourriture pour aquarium.

Nourriture pour jeunes poissons

Les jeunes poissons doivent recevoir une nourriture de petite taille et être nourris plusieurs

Les pastilles de nourriture constituent une nourriture riche. Utilisez-la avec parcimonie.

fois par jour durant leur phase de croissance. Vous pouvez élever vous-même des nauplies d'artemias vivantes en partant d'œufs : remplir un bocal à stériliser de 2 l avec 1 l d'eau salée et ajoutez 20 g de sel de cuisine sans iode par litre. Ajoutez une cuillère à café d'œufs d'artemias, disponibles dans le commerce. Aérez éventuellement la culture avec un diffuseur en pierre poreuse. Agitez de façon que tous les œufs soient humidifiés. Faites éclore les larves rougeâtres à 24-28° C (placez le récipient dans un bain-marie avec un thermostat). Aspirez uniquement les larves près du fond avec une seringue ou une pipette. Séparez les larves par tamisage (tamis pour artemias

Les poissons peuvent-ils se suralimenter?

Oui, les poissons peuvent se suralimenter. Dans la nature, la nourriture est souvent peu abondante. Les poissons sont donc amenés à manger tout ce qui se présente. Quand on leur donne trop de nourriture en aquarium, ils continuent à tout manger. Les poissons se comportent en aquarium selon les habitudes acquises dans la nature. Il y a des poissons qui mangent tellement qu'ils en meurent. D'autres cependant meurent lentement à cause de leur obésité.

disponibles dans le commerce), lavez brièvement à l'eau du robinet et utilisez directement comme nourriture. Démarrez de nouvelles cultures chaque jour pour avoir toujours une récolte suffisante.

N'utilisez en aucun cas de la nourriture déshydratée pour jeunes poissons comme nourriture supplémentaire dans un aquarium installé. Elle est très fine et se distribue trop rapidement dans un grand aquarium, ce qui pollue considérablement l'eau.

En revanche, elle peut être utilisée dans un bac spécialement réservé à l'élevage des jeunes, sans substrat sur le fond, et en aspirant régulièrement ce dernier à l'aide d'un tuyau.

Règles pour le nourrissage

1 Nourrissez vos poissons tous les jours une seule fois avec une quantité telle que tout soit consommé en deux minutes. Les poissons ne peuvent pas réfréner leur appétit et ont tendance à trop manger. De nombreux poissons d'aquarium sont donc obèses. Les poissons végétariens échappent à la règle, car leur nourriture est disponible «en permanence».

2 Présentez différents types de nourriture d'un jour à l'autre : la nourriture déshydratée constitue un bon aliment de base, mais elle est trop riche en protéines et ne peut donc être donnée seule tous les jours. Alternez avec de la nourriture vivante ou congelée dont la teneur en protéines est plus faible.

3 Les protéines de viande de mammifère comme le cœur de bœuf, sont mal digérées par les poissons et provoquent des troubles du foie. Ne donnez donc pas de nourriture contenant du cœur de bœuf.

4 Les tubiflex et les larves de moustique rouges contiennent généralement des substances toxiques. En outre, 30 % des gens présentent des réactions allergiques aux larves de moustique rouges. Donnez donc uniquement des tubiflex lavés à l'eau et pas du tout de larves de moustique rouges.

5 Instituez chaque semaine un jour de jeûne pour vos poissons.

6 Tenez compte des besoins en nourriture spécifiques de toutes les espèces présentes dans l'aquarium (type de nourriture, moment du nourrissage).

Identification des maladies

Normalement, si vos poissons sont bien soignés, ils restent en bonne santé, car leurs auto-défenses sont fortes. La plupart des maladies sont malheureusement dues à des erreurs de maintenance.

Erreurs de maintenance

Vérifiez, en premier lieu, si
■ la concentration en nitrates n'est pas trop élevée,
■ s'il n'y a pas de poissons en décomposition dans l'aquarium,
■ si les caractéristiques de l'eau correspondent à celles exigées par les poissons,
■ si la nourriture est appropriée aux poissons,
■ si l'aération est suffisante,
■ si le filtre fonctionnne,
■ si le dernier changement d'eau n'a pas eu lieu il y a trop longtemps,
■ si le bac n'est pas surpeuplé,
■ si des poissons agressifs n'en pourchassent pas d'autres et les empêchent de manger. En cas de réponse affirmative à l'une de ces questions, remédiez à la situation aussi rapidement que possible.

Maladies dues à un empoisonnement

Les empoisonnements dus à une eau de distribution contaminée, un médicament inapproprié ou surdosé ou des erreurs de maintenance sont plus fréquents que les maladies infectieuses. Un empoisonnement se reconnaît aux symptômes suivants, qui peuvent apparaître seuls ou en combinaison :
■ problèmes respiratoires (poissons «suspendus» sous la surface de l'eau).
■ poissons extrêmement craintifs.
■ poissons s'élançant en tous sens dans le bac.
■ pâleur manifeste ou coloration trop intense.
■ poissons semblant ivres.
■ apathie.

Mesures d'urgence : remplacez prudemment 90 % de l'eau de l'aquarium par de l'eau de distribution à laquelle vous aurez ajouté un produit de conditionnement d'eau d'aquarium, disponible dans le commerce (ajustez la température!). Filtrez ensuite sur charbon actif (disponible dans le commerce ; respectez le mode d'emploi). Si les symptômes diminuent, arrêtez la filtration sur charbon actif après 2 semaines et remplacez partiellement l'eau (→ page 86).

Conseils : Les empoisonnements dus à l'eau de distribution peuvent avoir pour origine

existe de nombreuses variétés de Guppy *(Poecilia reticulata var.)* **de différentes couleurs.**

le cuivre (conduite d'eau en cuivre) ou une trop forte teneur en chlore («odeur de piscine»). On peut éliminer le chlore en aérant fortement l'eau dans un seau ou en l'y laissant reposer deux jours.

Vous ne devez plus utiliser d'eau provenant de conduites en cuivre pour alimenter votre aquarium.

Maladies infectieuses

Les poissons nouvellement introduits peuvent transmettre des maladies infectieuses. Le tableau de la page 95 ainsi que les dessins 1 à 3 décrivent quelques-unes des maladies les plus fréquentes. Il existe cependant de nombreuses maladies de poissons plus rares sur lesquelles il n'est pas possible de s'étendre dans le cadre de ce guide. Adressez-vous, le cas échéant, à un vétérinaire ayant des connaissances en aquariophilie.

Traitez correctement avec des moyens simples

Un bain d'eau salée est un remède efficace dans le traitement des mycoses à *Ichthyopthirius* et des maladies de la peau et des branchies dues à des vers. On effectue le traitement dans un seau.
Applications : 10 à 15 g de sel de cuisine par litre d'eau. Plongez-y les poissons et observez-les pendant 20 minutes. Important : en cas de contamination par *Ichthyopthirius*, traitez impérativement tous les poissons. Après un premier traitement, effectuez deux nouveaux bains après 48 et 72 heures.
Un bain bref dans du formol est un traitement utile contre les vers de la peau et des branchies et contre beaucoup d'autres parasites externes. Le traitement est effectué dans un seau.
Applications : 2 à 4 ml de formol (solution à 35-40 % en pharmacie) dans 10 l d'eau. Baignez les poissons pendant un maximum de 30 minutes dans la solution. En cas de troubles de l'équilibre des poissons, replacez-les immédiatement dans l'aquarium.
Attention : le formol est très irritant. Eviter le contact avec la peau, les yeux et les muqueuses. Ne pas laisser à la portée des enfants!

Un traitement à la chaleur est salutaire dans le cas d'affections dues à *Ichthyopthirius*, Oodinium et autres parasites externes. Le traitement est effectué dans l'aquarium.
Applications : à effectuer uniquement dans des bacs avec une eau propre et suffisamment oxygénée. Elevez la température d'un degré toutes les heures. Interrompez la thérapie en cas d'apparition de troubles des poissons tels que des troubles de l'équilibre.
Conseils : désinfectez les épuisettes qui sont entrées en contact avec les poissons malades, pendant 3 jours dans une solution de permanganate de potassium, violet sombre, opaque, obtenue en pharmacie (mettre quelques grains par litre d'eau). Ensuite, lavez soigneusement l'épuisette. Vous éviterez ainsi de nouvelles infections.

1. Maladie des trous.

2. Maladie du point blanc.

3. Maladie du velours.

Reconnaître et traiter les maladies

Symptômes	Diagnostic	Traitement proposé
Points blancs d'une taille de 1,5 mm à la surface du corps; éventuellement respiration saccadée; les poissons se frottent sur les objets.	**Maladie du point blanc** *Ichthyophthirius* (→ dessin 2)	Traitement à la chaleur (10 jours à 30°C), sel de cuisine ou médicaments contenant de l'oxalate de vert de malachite.
Petit point de taille allant jusqu'à 0,3 mm - souvent couche épaisse blanchâtre à jaunâtre; éventuellement respiration saccadée; les poissons se frottent sur les objets.	**Maladie du velours (=Oodiniose)** *Oodinium* (→ dessin 3)	Traitement à la chaleur (24 à 36 heures à 33 - 34°C).
Nageoires en lambeaux souvent raccourcies avec ou sans bordure blanche.	**Pourriture bactérienne des nageoires**	Médicaments contenant du Furazolidon.
Petits trous s'agrandissant avec le temps dans la région crânienne, souvent recouverts d'une couche blanche; coloration sombre du corps; amaigrissement; excréments blancs, filamenteux, muqueux.	**Maladie des trous (=Ichthyosporidiose)** (→ dessin 1)	Si l'extension est modérée : donner une nourriture riche en vitamines; dans le cas d'une forte extension (excréments en rubans) faire prescrire du Gabricol® ou du Metronidazol (Clont®) par un vétérinaire.
Mouvements de déglutition saccadés et/ou opercules de branchies dressées, respiration saccadée; les poissons se frottent sur les objets.	**Vers des branchies ou de la peau**	Bain bref d'une solution de formol, bain de sel de cuisine.
Membres gonflés, souvent avec écailles dressées; yeux globuleux.	**Ascites**	Médicament contenant du Furazolidon. Conseil : les médicaments contenant de l'oxalate de vert de malachite et du Furazolidon sont disponibles dans le commerce.

95

Comprendre, apprendre et observer

Les aquariums reproduisant fidèlement la nature sont les plus appropriés à l'observation des comportements fascinants des poissons, dans toute leur diversité.

3

Bien interpréter les comportements

Souvent, on observe chez les poissons des comportements dont la signification nous échappe à première vue. Ce chapitre présente, avec des exemples, le moment et les circonstances où un comportement peut être observé dans l'aquarium et ce que vous pouvez en déduire au sujet de vos poissons.

Les poissons sont des êtres vivants intéressants

Les poissons sont, à tort, considérés comme ennuyeux. Qui a observé des communautés de poissons dans un aquarium installé dans les règles de l'art est impressionné par la diversité des comportements. Ainsi, on observe souvent des combats bouche à bouche entre deux Cichlidés conchylicoles. Ils paraissent très excités, mais le combat est sans danger (voir face interne du rabat de la couverture). Le poisson-ballon s'approche avec des ruses de sioux de sa proie principale, un escargot (→ photo page 100). Enfin, de nombreux parents poissons, par exemple les Anabantidés ou les Cichlidés, s'occupent de leur progéniture avec un soin que l'on ne s'attendrait à trouver que chez des mammifères

très évolués (→ photo page 104).

Comportements grégaires

La plupart des poissons se regroupent au moins pendant une partie de leur vie avec d'autres congénères, souvent avec des représentants d'autres espèces. Même de nombreux Cichlidés qui, pendant la période de reproduction au moins, défendent agressivement leur territoire, vivent en groupes comme des Characidés durant leur jeunesse. Dans la plupart des cas, le groupe a un double effet protecteur :

■ Premièrement, les prédateurs qui ont repéré un animal ont du mal à se concentrer, vu le grand nombre de poissons, sur un seul d'entre eux.

■ Deuxièmement, pour les membres du groupe, il existe un «effet de dilution». Lorsqu'un poisson prédateur a repéré une proie déterminée, il a peu de chance de capturer ce poisson-là et pas un autre. Le risque d'être pris est donc plus faible pour chaque individu lorsqu'il nage, en groupe, avec d'autres poissons.

En aquarium, on observe la formation de groupes quand les poissons soupçonnent l'existence d'un danger. Vous obser-

Ces deux Apistos cacatois (*Apistogramma cacatuoides*) mâles cherchent à s'intimider mutuellement avec leurs nageoires déployées.

verez aisément la formation de groupes lorque vous introduisez plusieurs nouveaux poissons dans l'aquarium. Dans un premier temps ils vont craintivement se rassembler comme les poissons arc-en-ciel de la photo de la page 62/63.

Les Néons rouges de la photo page 102 se sont déjà habitués et se sont pratiquement répartis dans l'ensemble du bac.

Comportements territoriaux et combats

De nombreux poissons, même parmi les poissons dits grégaires, délimitent au moins temporairement des territoires qu'ils défendent contre leurs congénères et les poissons d'autres espèces par des combats plus ou moins violents. La délimitation d'un territoire s'explique toujours par la défense de quelque chose qu'un poisson déterminé pourrait perdre face à des concurrents : une bonne place avec beaucoup de nourriture (territoire où il se nourrit), un environnement particulièrement propice à l'élevage des jeunes (territoire de reproduction) ou la meilleure place pour parader devant les femelles qui passent (territoire de parade).

La constitution de territoires

dans un aquarium est particulièrement aisée à observer avec les Cichlidés.

Les Mbuna (→ photo page 110), qui se nourrissent de la couche d'algues gluantes sur les rochers, défendent un territoire dans leur contrée d'origine, le lac Malawi. En aquarium, même si aucune algue ne pousse, ils n'abandonnent pas pour autant leur comportement naturel.

Les Ramirezi femelles, en revanche, défendent un territoire de reproduction «mobile», à savoir, la feuille sur laquelle elles ont pondu leurs œufs (→ photo page 104).

En cas de danger, de nombreux grands Cichlidés prennent

Le Tétraodon lorteti (*Carinotetraodon lorteti*), avec des mouvements à peine perceptibles, est à l'affût de sa proie préférée : des escargots aquatiques.

Comment les Néons émettent-ils de la lumière?

Dans l'aquarium, tu remarques que les Néons sont luminescents. Ils ont de très petites papilles luminescentes dans leur ligne bleue sur les deux flancs. Ces papilles luminescentes réfléchissent très peu de lumière - un peu comme les catadioptres sur ton cartable. Dans la nature, les Néons vivent dans les ruisseaux sombres de la forêt équatoriale. Les bandes luminescentes les aident à garder le contact avec leur groupe. La nuit, lorsque les Néons dorment, ils modifient leurs papilles lumineuses de telle façon qu'elles ne réfléchissent plus la lumière. Ainsi, ils évitent de se faire repérer et dévorer par un poisson prédateur, au clair de lune, pendant qu'ils dorment.

la feuille par le pétiole avec leur bouche et la placent en sécurité.

La constitution de territoires et les combats dans l'aquarium provoquent toujours des problèmes lorsque le territoire convoité occupe toute la surface de l'aquarium. Les autres poissons sont alors attaqués agressivement par l'occupant du territoire qui veut défendre ce dernier, et ne peuvent pas fuir. Dans ce cas, vous devez retirer soit le possesseur du territoire, soit les autres poissons de l'aquarium. Une solution d'urgence dans de tels cas est décrite à la page 116.

Comportements liés à la reproduction

Il est particulièrement passionnant d'observer les efforts et, dans une certaine mesure, les risques que prennent de nombreux poissons pour assurer le succès de leur reproduction.

Espèces ne prenant pas soin de leur progéniture

De nombreuses espèces de poissons telles que les Characidés, Barbus et poissons arc-en-ciel font peu d'efforts : elles déposent leurs œufs après une courte parade à un endroit plus ou moins protégé et les abandonnent à leur sort. Les femelles des vivipares ne s'occupent pas non plus de leurs jeunes après la naissance. Souvent, en outre, les alevins doivent prendre garde aux tendances cannibales de leur mère. D'autres, en revanche, fondent de vraies familles jusqu'à ce que les jeunes soient tirés d'affaire. Il existe cependant, parmi les espèces prenant soin de leur progéniture, des pères ou des mères qui en assurent seuls la charge.

Poissons ayant le sens de la famille

Les poissons qui font le plus d'efforts sont, sans aucun doute, les Cichlidés formant des couples. De nombreuses espèces, comme par exemple les Scalaires, effectuent des parades avec des mouvements tremblants, souvent durant plusieurs semaines, avant de «s'unir pour la vie». Lorsque les deux partenaires se sont finalement entendus pour fonder une famille, ils inspectent souvent plusieurs places susceptibles de recevoir leur ponte avant que le frai ait véritablement lieu (→ photos pages 96/97).

Le père et la mère prennent soin de leurs jeunes, pendant de nombreuses semaines, jusqu'à

Aquarium de style japonais peuplé de Néons rouges.

ce que ceux-ci aient atteint quelques centimètres.

Chez de nombreux <u>Cichlidés incubateurs bucaux,</u> par exemple les Cichlidés du Malawi, seule la mère s'occupe des jeunes.

Afin d'assurer la sécurité de leurs jeunes pendant leurs premières semaines de vie, elles prennent les œufs en bouche, directement après la ponte, où ces derniers sont incubés. Les femelles ne libèrent les jeunes que lorsque ceux-ci sont devenus des reproductions miniatures de leur mère.

Chez de nombreuses espèces, les jeunes nagent la nuit durant les premiers jours, et se réfugient dans la bouche maternelle en cas de danger.

Même chez les incubateurs bucaux, il existe certaines espèces où les deux sexes se partagent les soins de leur progéniture, par exemple *Chromidotilapia finleyi* (photo sur la face interne du rabat de la couverture).

Les espèces chez lesquelles les mâles s'occupent de la progéniture appartiennent aux Anabantidés qui construisent un extraordinaire nid de bulles. Ici, le rôle des femelles se limite à déposer leurs œufs dans le merveilleux nid de bulles construit par les mâles.

Les mâles, par exemple le Gourami perlé (→ photo sur le rabat de la couverture avant), s'occupent des œufs et des alevins jusqu'à ce que ces derniers puissent nager librement et se cacher dans la végétation.

Un coucou dans l'aquarium

Un cas très particulier dans la nature est celui du Synodonte ponctué (*Synodontis multipunctatus*) que l'on peut aisément maintenir en aquarium.

Chez ce Silure, les parents ne s'occupent pas eux-mêmes de leur progéniture, mais tentent de trouver des nourrices involontaires. Leur comportement est identique à celui du coucou.

La femelle Ramirezi **(Microgeophagus ramirezi)** surveille sa ponte sur une feuille.

Lorsque le Synodonte prêt à pondre a découvert un couple de Cichlidés incubateurs bucaux en train de frayer, il introduit ses propres œufs sous ceux du Cichlidé, en frayant très rapidement. Cette opération n'a lieu que lorsque le Cichlidé a lui-même pondu quelques œufs ou s'apprête à les prendre en bouche pour les incuber. Les jeunes Silures

CONSEIL

▼

Les feuilles séchées de hêtre et de chêne conviennent bien pour donner au fond de l'aquarium un aspect naturel. Utilisez à cet effet uniquement des feuilles que vous aurez récoltées l'hiver sur les arbres et non des feuilles tombées. Vous éviterez ainsi d'introduire des spores de champignons dans l'aquarium et d'induire la formation d'un tapis mycélien très dommageable à la surface des feuilles.

éclosent dans la bouche du Cichlidé et disposent alors d'une source de nourriture très pratique : les œufs et les alevins du Cichlidé, dans la bouche de celui-ci.

Elevage de poissons en aquarium

La reproduction en aquarium se heurte souvent à des difficultés. C'est pourquoi on installe généralement un aquarium spécialement destiné à la reproduction. C'est la seule façon d'écarter les importuns des parents potentiels ou de reproduire des conditions du milieu aquatique particulières, nécessaires pour stimuler la reproduction chez les poissons.

Dans des aquariums faiblement occupés, il se peut que quelques jeunes d'espèces prenant soin de leur progéniture ou de vivipares puissent se développer. A cet effet, il faut prendre garde à deux choses :

■ Veillez à disposer suffisamment de caches en fonction de l'espèce de poisson, par exemple sous forme de végétation dense ou d'anfractuosités dans les pierres.

■ Veillez à apporter un complément de nourriture pour jeunes poissons, par exemple des nauplies d'artemias (→

nourriture pour jeunes poissons page 90).

Dans un bac réservé à la reproduction, les jeunes poissons ont naturellement plus de chances de devenir adultes. Récupérez prudemment les jeunes poissons dans le bac d'ensemble, par exemple à l'aide d'un verre. Les jeunes poissons sont fragiles et doivent impérativement rester sous l'eau.

Le bac de reproduction ne contiendra pas de matériau de fond, ce qui permet d'aspirer aisément les restes de nourriture à l'aide d'un tuyau fin.

Un petit filtre à air interne ainsi que quelques escargots qui mangent les restes de nourriture complètent l'installation.

En outre, les jeunes poissons pourront se cacher dans de la mousse de Java.

Nourrissez les jeunes deux à trois fois par jour. Changez quotidiennement 1/3 de l'eau du bac de reproduction. Aspirez le fond du bac quotidiennement ! Si vous respectez ces consignes, vos jeunes poissons se développeront merveilleusement.

Conseil : toute personne sérieusement intéressée par la reproduction en aquarium consultera la littérature spécialisée (→ «pour en savoir plus» page 126).

Des aquariums imitant le milieu naturel

Vous aurez dans votre maison un «merveilleux coin de nature» si vous vous inspirez d'elle pour constituer et peupler votre aquarium, donc, si vous construisez un «aquarium imitant la nature».

Imiter la nature

Dans leur milieu d'origine, tous les poissons constituent un des éléments d'un écosystème extraordinairement complexe. Chaque poisson y occupe sa «propre» niche écologique dans des ruisseaux, fleuves, mares, lacs et étangs.

Dans ce chapitre vous trouverez des suggestions sur la façon de constituer un aquarium-biotope. Les caractéristiques de différents biotopes naturels sont d'abord brièvement décrites. Pour la population en aquarium suggérée, nous nous limitons aux espèces décrites dans ce guide. Toutefois, dans le cas de nombreux biotopes, toutes les espèces de poisson de ne peuvent pas être importées. Nous avons donc quelquefois dû proposer de remplacer certains poissons par une espèce

Eau calme limpide avec des nénuphars au bord d'un cours d'eau.

Boraras maculata se rencontre principalement dans es eaux noires d'Asie néridionale.

«étrangère» (par exemple, pour les poissons algivores). Vous trouverez, pour les différents poissons, les valeurs des paramètres de l'eau et les températures appropriées suivant les types d'eau, dans la partie descriptive à partir de la page 14.

Eaux limpides - ruisseaux de forêt équatoriale de collines

→ Photo page 109

<u>Caractéristiques du biotope :</u> ruisseaux à courant rapide, souvent ensoleillés, avec des eaux claires. Fond recouvert de gravier fin, où s'enracinent des plantes à longues feuilles. Les pierres rondes, recouvertes d'algues protègent les poissons contre la force excessive du courant. Aux endroits plus profonds, le bois mort s'accumule.

<u>Aménagement de l'aquarium :</u>

un filtre puissant produit le courant nécessaire dans les bacs plats. Les plantes à longues feuilles (par exemple, *Cryptocoryne aponogetifolia*) s'enracinent uniquement à proximité de la sortie du filtre et fournissent de l'ombre dans le bac avec leurs longues feuilles flottantes ; placez une couche fertilisante uniquement sous les racines, étalez une couche de gravier de 4 cm d'épaisseur ailleurs.

Placez quelques pierres rondes et des racines allongées dans le bac.

Dans les aquariums destinés aux Cichlidés, disposez des grottes de pierre.

<u>Dimensions du bac :</u> 100 x 40 x 40cm ; éclairage avec 2 tubes fluorescents.

<u>Population suggérée :</u> **Afrique occidentale :** un couple de *Chromidotilapia finleyi*. Un groupe (12 individus) de *Procatopus similis* et, pour limiter la croissance des algues, 3 Barbeaux originaires d'Asie. **Amérique centrale :** 1 couple de Gorges de feu ou *Archocentrus nigrofasciatus*, 6 à 8 Xiphos de Heller ; pour réguler la croissance des algues, 1 couple d'*Ancistrus*. **Asie méridionale :** un grand groupe (20 à 40 individus) de *Boraras*

maculata, 5 Barbeaux. **Australie/Célèbes :** 12 Arcs-en-ciel à queue fourchue ou 8 Athérine rayons de soleil, 6 Demi-becs, 5 Barbeaux à raie noire.

Eaux limpides - ruisseaux de forêt équatoriale de basses terres

→ photo page 60

<u>Caractéristiques du biotope :</u> ruisseaux ombragés coulant lentement, avec un fond de sable ou de gravier fin. Une couche de feuilles mortes sur le fond du cours d'eau assure la protection des jeunes poissons. Les différentes plantes aquatiques prospèrent là où le soleil traverse la canopée de la forêt équatoriale.

<u>Aménagement de l'aquarium :</u> fond de 6 cm d'épaisseur avec couche fertilisante pour obtenir une bonne croissance des plantes en rosette appréciant l'ombre (par exemple, *Cryptocoryne*). Rassemblez à l'arrière du bac de petites racines ligneuses, comme sous l'effet naturel du courant. Installez des plantes épiphytes sur la partie supérieure des racines. Sur le bord de l'aquarium et dans les entrelacs de racines, plantez des *Cryptocoryne* de hauteur moyenne. Devant les racines, déposez des feuilles mortes

d'arbres ayant une structure dure (par exemple, hêtre rouge, chêne).

<u>Dimensions du bac :</u> 80 x 35 x 40 cm ; éclairage avec un tube fluorescent.

<u>Population suggérée :</u> **Afrique occidentale :** 1 couple de Cychlidés du genre *Pelvicachromis* ou 3 couples d'Aphyos rayés, 5 Epiplatys rayés, 6 *Procatopus similis*. **Amérique du Sud :** 1 trio (1 mâle, 2 femelles) d'Apistos cacatois ou 6 Corydoras ; 8 Tétras ornés, 1 couple de *Rineloricaria* sp.

Eaux noires - ruisseaux de forêt équatoriale

→ photo page 8

<u>Caractéristiques du biotope :</u> ruisseaux de basse terre avec fond de sable blanc fin. L'eau noire a une coloration intense mais elle est néanmoins limpi-

CONSEIL

Vous soignerez correctement vos poissons surtout si vous reconstituez dans votre aquarium un coin de leur biotope naturel. Même si ce dernier est relativement modeste et incomplet par rapport à la nature, les poissons se sentiront mieux dans un aquarium imitant la nature.

e nombreux cours d'eau de
égions des collines sont
xtrêmement limpides, comme
e ruisseau d'Afrique
ccidentale peuplé de lys
l'eau.

de, car elle ne contient pas de matière en suspension. La couleur sombre est due à des acides végétaux incomplètement décomposés (acides humiques et autres). Ces eaux étant très douces, ils leur confèrent un pH inférieur à 6. Pratiquement aucune plante ne pousse dans ces eaux très pauvres en substances nutritives. Aux endroits calmes, une couche de feuilles épaisses recouvre le fond du cours d'eau. Là où le courant est plus fort, on trouve des morceaux de bois directement sur le sable blanc.

Aménagement de l'aquarium : pour donner au bac non planté

son caractère particulier, utilisez de l'eau très douce, filtrée sur tourbe, qui prend ainsi une couleur brun rouge. L'arrière-plan présente une couche de petites racines ; l'avant-plan est réalisé avec un sol sableux de 3 cm d'épaisseur seulement, recouvert d'une mince couche de feuilles mortes (par exemple, hêtre rouge, chêne). Là où le courant est fort, on voit le sable blanc.

Conseils pour maintenir la qualité de l'eau : les caractéristiques très particulières de l'eau (eau de type 1 → page 14) destinée aux poissons d'eaux noires conviennent uniquement aux espèces décrites ci-après. Les autres poissons ne supportent pas de telles conditions. Il est important de changer régulièrement l'eau avec une eau adoucie, car cette eau très particulière inhibe fortement la filtration biologique.

Dimensions du bac : 100 x 40 x 40 cm ; éclairage avec un tube fluorescent.

Population suggérée : **Indonésie:** 1 couple de Gouramis perlés, 25 *Rasbora hengeli* ou 15 Barbus à cinq bandes, 6 Kuhlis. **Amérique du Sud :** 1 trio (1 mâle, 2 femelles) de Cichlidés nains d'*Agassizi* ou *Dicrossus filamentosus*, 1 *Ancistrus* 12 Tétras sang, 8 Poissons-hachettes marbrés. **Afrique centrale :** 1 trio de *Naochronis transvestitus* ; pour le reste, comme Amérique du Sud.

Cours d'eau limpides, avec végétation abondante, à courant extrêmement faible

→ photo page 106

Caractéristiques du biotope : croissance végétale luxuriante, avec plantes finement découpées en forme de plumes et des nénuphars près des rives, où pénètrent les rayons du soleil.

Courant faible au milieu du ruisseau.

Aménagement de l'aquarium : richement planté avec des plantes présentant différentes formes de croissance, sur fond ayant jusqu'à 6 cm d'épaisseur, contenant un substrat fertilisant. A l'avant, espaces d'eau

Biotope rocheux du lac Malawi. Toutes les espèces présentées sur la photo sont des Mbuna.

Quel rapport y a-t-il entre les poissons et les éléphants ?

Dans la forêt équatoriale africaine vivent de nombreux éléphants. Ils viennent boire et se baigner dans les ruisseaux et les rivières. Là ils piétinent le sol mou et humide et ils laissent des empreintes profondes. Ainsi se créent des marécages miniatures. Quelques Killies peuvent survivre dans ces marais et même s'y reproduire. Malheureusement, dans ces mini-marais ne vivent aucune puce d'eau ni autres proies animales. Cependant de nombreux insectes y tombent ou y pondent leurs œufs. Ainsi les poissons obtiennent malgré tout un peu de nourriture. Les poissons restent dans ce petit marécage jusqu'à ce que le sol soit à nouveau piétiné par un autre éléphant. A ce moment les poissons sautent dans le mini-marécage suivant.

libre, entrelacs de racines au milieu. Un peu de courant dans les espaces d'eau libre.

<u>Dimensions du bac :</u> 120 x 50 x 50 cm ; éclairage avec 2 à 3 tubes fluorescents.

<u>Population suggérée :</u> **Australie :** 30 Arcs-en-ciel filigranes ou 30 *Melanotaenia praecox* ; 6 Barbeaux pour limiter la croissance algale. **Afrique :** 1 couple de Ramirezi, 6 Synodontes à ventre noir, 12 Tétras du Congo, 1 Synodonte marbré ; 1 couple d'Ancistrus pour limiter la croissance alga-

le. **Asie :** 25 poissons de verre ; 6 Panchax rayés, 1 Labéo à queue rouge, 10 Loches naines. **Amérique du Sud :** 2 couples de *Laetacora curviceps*, 10 *Otocinclus* , 8 Tétras - diamants, 12 Tétras-pingouins.

Zone rocheuse du lac Malawi

→ photo page 110

<u>Caractéristiques du biotope :</u> plan incliné de la zone de la rive du lac Malawi où pénètrent les rayons du soleil, avec de grosses pierres et des rochers couverts d'algues.

<u>Aménagement de l'aquarium :</u> dans les deux tiers postérieurs de l'aquarium, disposer un montage rocheux constitué de grosses pierres carrées. En dessous de celles-ci, placez une fine couche de polystyrène et la «pierre de fondation» (voir page 78). Arranger toutes les pierres de sorte que les poissons puissent se faufiler à travers les parois des rochers. Sol à l'avant-plan en gravier fin.

<u>Dimensions du bac :</u> 150 x 50 x 50 cm ; éclairage avec 3 tubes fluorescents.

<u>Population suggérée :</u> trois espèces de Mbuna à raison de 5 femelles pour 1 mâle (par exemple, *Melanochromis et Pseudotropheus*).

Remèdes corrects aux problèmes d'entretien

Prolifération d'algues après une nouvelle installation

Situation : quelques jours après une nouvelle installation, on observe une forte croissance algale (algues sur les graviers ou algues filamenteuses).

Causes possibles : après la nouvelle installation, la filtration biologique n'est pas encore efficace parce que la colonisation du filtre par les bactéries est encore insuffisante (→ page 70). Autre cause possible : les plantes, quoique déjà installées, ne sont pas encore suffisamment développées et leur métabolisme est donc très réduit ; elles ont besoin de très peu d'éléments nutritifs. Or, vous en avez introduit très tôt dans l'aquarium, par exemple sous forme d'engrais liquide pour les plantes ou de nourriture pour poissons. Ils sont donc à la disposition exclusive des algues.

Remède : appliquez plusieurs mesures simultanément :

■ Durant les premières semaines filtrez, en plus, sur du charbon actif.

■ Enlevez les algues à la main ou avec un grattoir.

■ Changez 1/3 de l'eau de l'aquarium tous les jours, afin d'éliminer les substances nutri-tives qui ne sont pas encore consommées ou transformées par les plantes ou les bactéries. Réduisez les changements d'eau lorsque la prolifération d'algues diminue.

■ Introduisez dans votre filtre un peu de matériau filtrant d'un filtre déjà en fonctionnement (d'un ami ou du commerce) ou un produit de démarrage pour filtre, disponible dans le commerce. Les bactéries qui y sont contenues accéléreront la mise en route de votre filtre.

■ Introduisez un poisson algi-vore («prolifération d'algues dans les aquariums ancienne-ment installés», ci-après).

■ Placez des plantes à tiges ou des plantes flottantes à croissance rapide (Cornifle, Hépatique flottante, Fougère de Sumatra) qui entrent en compétition avec les algues pour les substances nutritives. N'utilisez pas de produits chimiques pour lutter contre les algues car ils inhibent la filtration biologique qui démarre progressivement.

Prolifération d'algues dans les aquariums anciennement installés

Situation : développement abondant d'une seule ou de plu-sieurs espèces d'algues.

Causes possibles : dans la plu-part des cas, la teneur en nitrates dans l'eau de l'aqua-rium est trop élevée, en raison de changements d'eau trop peu fréquents, d'un surpeuplement ou d'un nourrissage excessif. Quelquefois, la prolifération algale est due à un déséquilibre entre l'éclairage, l'apport d'engrais et la croissance des plantes, car la fertilisation doit se faire uniquement dans la mesure où elle répond aux besoins des plantes aquatiques en éléments nutritifs. En cas de surfertilisation ou d'éclairage mal adapté, les algues, peu exigeantes, sont les principales bénéficiaires de l'apport d'engrais.

Remède : Appliquez les mesures suivantes :

■ Changez partiellement l'eau tous les jours pendant une semaine (1/3 de l'eau de l'aqua-rium).

■ Nettoyez le filtre et aspirez le fond avec un tuyau.

■ Eliminez les algues dans la mesure du possible.

■ Interrompez la fertilisation des plantes aquatiques tant que la prolifération des algues sub-siste.

■ Pour limiter la croissance algale, introduisez une ou deu-

Peut-on également maintenir des grenouilles dans un aquarium?

Oui, car il existe des grenouilles qui restent petites et passent toute leur vie dans l'eau.
L'une d'elles est le Dactylètre nain. On la trouve aisément dans le commerce. Si tu veux la maintenir dans ton aquarium, tu dois veiller aux conditions suivantes :
dans ton aquarium, n'installe que des petits poissons, qui laissent les grenouilles tranquilles. Les grenouilles à doigt nain sont même très utiles. Elles mangent souvent les petits escargots gênants dans ton aquarium.

des espèces suivantes : Barbeau à raie noire (*Crossocheilus siamensis*) ; Otocinclus (*Otocinclus cf. affinis*); Gyrino (*Gyrinocheilus aymonieri*) (→ photo page 113); Silure à museau en brosse (*Ancistrus cf. dolichopterus*). Choisissez l'espèce en fonction de la taille de votre aquarium (→ tableau dans la partie descriptive à partir de la page 14).
Un bon mangeur d'algues filamenteuses qui sera bientôt disponible dans le commerce est la crevette japonaise ou Yamato-Numa-Ebi (*Caridina japonica* → photo pages 102/103).
■ Si les plantes ne se développent pas bien dans votre bac, consultez le chapitre «installation pratique et esthétique de votre aquarium» (page 76).
Conseil : N'utilisez pas de substances chimiques pour lutter contre les algues, car elles ne suppriment pas les causes du problème et peuvent inhiber la filtration biologique.

Turbidité de l'eau dans un bac nouvellement installé

Situation : quelques heures à quelques jours après une nouvelle installation, l'eau devient subitement trouble, laiteuse.
Il ne s'agit pas du même trouble que celui qui est observé directement après le remplissage du bac avec de l'eau.
Causes : le trouble est dû à une prolifération massive de certaines bactéries inoffensives.
Remède : ne faites rien ! Le trouble est normal avec certaines valeurs des paramètres physico-chimiques de l'eau et disparaîtra après quelques jours ou quelques heures.

Le Gyrino **(Gyrinocheilus aymonieri) est un bon mangeur d'algues convenant pour les grands bacs.**

Bel exemplaire de Cichlidé du lac Malawi *(Sciaenochromis fryeri).*

Impossibilité d'abaisser la teneur en nitrates

Situation : vous avez mesuré la teneur en nitrates avant et directement après le changement d'eau dans votre aquarium et vous n'observez pas ou peu d'amélioration. Le plus souvent, vous avez en outre un problème d'algues. En mesurant la teneur en nitrates de votre eau de distribution, vous découvrez qu'elle contient manifestement plus de 20 mg/l.

Causes possibles : votre eau de distribution est déjà fortement chargée en nitrates (→ mesure et élimination des nitrates, page 58).

Remède : fournissez à vos poissons de l'eau sans nitrates avec un appareil à osmose inverse, avec une installation produisant de l'eau désionisée par échange d'ions ou avec une installation de filtration des nitrates par échange d'ions. La méthode la plus efficace et la

mieux adaptée dépend de la dureté de l'eau de distribution locale et du fait que vous souhaitiez ou non fournir une eau douce et peu chargée en sel à vos poissons. Informez-vous auprès de votre revendeur local sur la méthode la plus appropriée.

Prolifération d'escargots

Situation : de petits escargots se reproduisent de façon intempestive et ils s'agglutinent partout dans l'aquarium.

Causes possibles : vous avez introduit de petits escargots ou leurs œufs dans votre aquarium avec des plantes aquatiques ou des proies vivantes. Les escargots se sont considérablement multipliés parce qu'ils trouvaient dans des conditions particulièrement favorables (de nombreux restes de nourriture à leur disposition) et sans prédateurs.

Remède : les escargots ne sont pas nuisibles, excepté qu'ils ron-

gent occasionnellement le plantes. Vous pouvez tenter d limiter la prolifération d'escar gots, mais vous ne parviendre jamais à les éliminer complète ment. Ce n'est d'ailleurs pa nécessaire. Appliquez le mesures suivantes :

■ Nourrissez les poissons ave parcimonie, mais suffisammen de sorte que les escargots dispo sent de moins de nourriture.

■ Aspirez les restes de nourritu re en excès sur le fond.

■ Eliminez manuellement plus souvent possible les esca gots et leurs œufs.

■ Attirez les escargots, la nui dans un piège à escargots : à c effet, placez dans l'aquariu une soucoupe avec une pastill de nourriture. Dessus, placez u pot de yaourt lavé, percé d petits trous (les escargots pe vent passer à travers, mais pa les poissons). Le matin suivan de nombreux escargots or pénétré dans le pot et vous pou vez aisément les éliminer.

■ Si leur présence est comp tible avec les occupants d votre aquarium, introduisez d poissons mangeant volontie des escargots (Cichlidé d Thomas, *Anomalochromis th masi*).

Le poisson-ballon est certes u mangeur d'escargots spécialis

nais il n'est pas facile de l'asso-
ier à d'autres poissons. Il mord
es nageoires des poissons lents.
Les poissons-ballons ne cohabi-
ent qu'avec des poissons
apides, vivant dans la couche
upérieure du bac.

Conseil : n'utilisez pas de pro-
luits chimiques pour lutter
ontre les escargots, car ils sont
galement toxiques pour des
rganismes utiles dans l'aqua-
ium. En outre, la présence de
rop nombreux escargots morts
légrade la qualité de l'eau.

Les poissons deviennent trop grands

situation : certaines espèces de
oissons atteignent manifeste-
nent une taille plus grande que
ous ne l'aviez imaginé. Vous
e pouvez plus leur fournir un
adre de vie adéquat.

Causes possibles : vous ne vous
tes pas suffisamment informé
ors de l'achat des poissons.
'armi les nombreux revendeurs
onsciencieux, il existe égale-
nent des «moutons noirs» qui
ous vendront des poissons qui
leviendront trop grands dans
otre aquarium.

Vous pouvez vous référer à la
ste ci-après pour les espèces
ui atteignent une grande
aille. La taille adulte atteinte

dans la nature est indiquée
entre parenthèses. Aucune de
ces espèces ne devrait être
introduite dans des aquariums
mesurant moins de 2 mètres de
long. Pour beaucoup d'entre
elles, c'est encore insuffisant.
Même si certains poissons restent plus petits en aquarium,
cela ne prouve pas qu'il y a
adaptation, cela témoigne plu-
tôt d'un manque de soins !
Barbus-requin, *Balantiocheilus
melanopterus* → photo page 13
(jusqu'à 35 cm) ; **Myxocyprinus
asiaticus** (jusqu'à environ 60
cm) ; **Piranha**, *Pygocentrus nat-
tereri* (plus de 30 cm) ; **Silure-
requin**, *Pangasius sp.* (plus de
30 cm, souvent plus d'1 m) ;
Tête de serpent, *Channa micro-
peltes* (plus d'1 m) ; **Arawana**,
Osteoglossum bicirrhosum (jusqu'à 1,2 m). Parmi les autres
espèces atteignant une grande
taille et souvent proposées, on
peut citer : le **poisson-lune
argenté**, l'**Argus vert** et les
«**mini requins**». Ils ne s'accli-
matent dans un aquarium d'eau
douce que durant leur jeunesse.
Par la suite, il leur faut de l'eau
saumâtre ou de l'eau salée, que
vous ne pourrez leur fournir
dans votre aquarium d'eau
douce.

Remède : Tentez de donner les
poissons à des amis aquario-

philes qui disposent de plus
grands bacs. Dans le cas où vous
avez été mal conseillé, un vendeur responsable vous repren-
dra les poissons et les donnera à
d'autres clients capables de les
maintenir. Si personne n'est
disposé à prendre les poissons, il
ne vous restera plus qu'à acquérir un plus grand aquarium,
pour satisfaire les besoins des
poissons.

Les bords des feuilles des plantes aquatiques deviennent blancs

Situation : une croûte blanche
se forme sur les plantes aquatiques. Le pH peut atteindre
des valeurs nettement supérieures à 8.

Causes : les plantes aquatiques
souffrent d'un manque de
dioxyde de carbone, élément
nécessaire à leur nutrition.
Cette situation se présente souvent dans des eaux d'aquarium
à dureté carbonatée élevée. Le
tableau de la page 69 vous
montre que les eaux fortement
chargées en carbonates contiennent peu de dioxyde de carbone disponible pour les
plantes. Pour compenser le
manque de dioxyde de carbone,
les plantes utilisent le carbone
qui est présent dans les carbo-

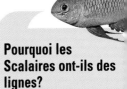

nates. C'est pourquoi il se forme sur les feuilles un dépôt de calcaire nuisible pour les plantes, la dureté carbonatée baisse et le pH s'élève.

Remède : réduisez la dureté carbonatée en introduisant de l'eau douce et/ou fournissez du dioxyde de carbone.

Incompatibilité entre poissons

Situation : certains poissons importunent les autres, en les pourchassant dans le bac, en mordant leurs nageoires, en les empêchant d'accéder à la nourriture, voire en les dévorant.

Causes possibles : il s'agit d'espèces différentes qui ne sont pas compatibles entre elles, parce que leur tempérament ou leur taille diffère. Si les poissons d'espèces différentes s'importunent mutuellement, c'est que votre aquarium est trop petit pour satisfaire les besoins territoriaux de chaque poisson. Dans les couples de Cichlidés, apparaissent souvent des disputes entre le mâle et la femelle. Les querelles peuvent s'apaiser après quelque temps, mais ce n'est pas toujours le cas .

Remède : appliquez les mesures suivantes :

■ Voyez si vous n'avez pas commis d'erreur en associant certains poissons (→ partie descriptive, à partir de la page 14). Si c'est le cas, vous devez vous séparer d'une partie de vos poissons ou les introduire dans un autre aquarium.

■ Si vous avez trop de poissons délimitant un territoire dans un aquarium trop petit ou s'il y a eu dispute au sein d'un couple de Cichlidés, augmentez le nombre de cachettes possibles dans l'aquarium. Utilisez à cet effet l'espace sous la surface de l'eau. Placez-y des grottes (par exemple avec une structure formée de tuyaux et de fils en plastique).

Si les poissons agressifs continuent encore à importuner les poissons dominés, le mieux est de diminuer le nombre de poissons de chaque espèce.

Changement d'eau - les poissons se portent mal

Situation : après un changement d'eau, les poissons respirent de façon saccadée. Souvent, ils restent directement sous la surface de l'eau. Une mesure du pH indique une valeur supérieure à 7.

Causes possibles : empoisonnement à l'ammoniac après un saut de pH au-dessus de 7 : l'am-

Pourquoi les Scalaires ont-ils des lignes?

Dans la nature, les Scalaires vivent toujours dans des endroits où des arbres de la forêt équatoriale sont tombés dans l'eau. Sous l'eau, les nombreuses branches et rameaux de ces arbres apparaissent comme des lignes. Les bandes sur les Scalaires ressemblent aux branches des arbres. De loin, les poissons prédateurs perçoivent uniquement des lignes entrelacées. Ils ne peuvent pas faire la différence entre les branches et les Scalaires. On pense donc que les lignes sur les Scalaires servent de camouflage aux poissons.

moniac est un poison qui se forme par décomposition des déchets biologiques, mais qui est normalement transformé en nitrates par les bactéries du filtre. Si le changement d'eau a eu lieu il y a longtemps, si le bac est surpeuplé ou si, pour d'autres raisons, trop de déchets biologiques se sont accumulés, les bactéries ne peuvent plus effectuer correctement la transformation en nitrates. A des pH inférieurs à 7, se forme un produit intermédiaire relativement peu toxique, l'ammonium. Si le pH s'élève, suite à un changement d'eau avec de l'eau alcaline de pH supérieur à 7, l'ammonium se transforme en ammoniac toxique.

Remède : changez prudemment 70 % de l'eau pour éliminer presque complètement les produits de décomposition toxiques présents dans l'aquarium. Nettoyez le filtre, aspirez le fond. Si vous avez des poissons sensibles qui ne supportent pas de changement d'eau massif, vous pouvez également diminuer le pH avec des produits appelés «pH-moins», disponibles dans le commerce. Comme cette opération retransforme simplement l'ammoniac en ammonium, la source du problème n'est pas élimi-

née. Un changement presque complet de l'eau que l'on effectue prudemment en l'étalant sur plusieurs jours reste cependant nécessaire.

Départ en vacances

Situation : vous voulez partir en vacances, mais vous ne connaissez personne qui viendra soigner vos poissons.

Remède : dans un bac établi depuis longtemps et qui n'est pas surpeuplé, vous pouvez soumettre des poissons adultes à un jeûne de quinze jours. Deux semaines avant votre départ, vérifiez que tous les instruments fonctionnent parfaitement (y compris l'interrupteur de la programmation de l'éclairage). Vous vous assurez ainsi qu'il n'y aura pas de problèmes durant votre absence. Un jour avant

votre départ, changez la moitié de l'eau de l'aquarium. En cas d'absence prolongée jusqu'à un mois, utilisez un distributeur automatique de nourriture. Vous devez cependant trouver dans tous les cas quelqu'un qui vérifiera régulièrement qu'aucun appareil n'est tombé en panne et qui effectuera un changement d'eau partiel (préparer l'eau dans un seau). Donnez à cette personne votre numéro de téléphone en vacances ou celui de votre revendeur, et de façon qu'elle puisse recevoir les conseils d'une personne compétente, en cas de besoin.

Scalaire altum (Pterophyllum altum) a besoin d'une eau douce et propre.

Mon aquarium

Placez ici la photo de votre poisson préféré.

Nom

Taille et nombre de litres

Type d'eau (→page 14)

Filtre et matériel filtrant

Eclairage

Chauffage, appareils divers

Installé le

Type d'aquarium (→page 106)

Poissons dans l'aquarium et leur taille maximale

Types de nourriture pour les poissons

Plantes dans l'aquarium

Revendeur, nom et adresse

Les pages indiquées **en gras** renvoient aux photos couleurs et aux dessins. C = page de couverture, R = rabat.

Arc-en-ciel filigrane (Iriatherina werneri) mâle.

**La Cabombe de Caroline
(Cabomba caroliniana)
nécessite un éclairage
puissant.**

Rivulus xiphidius.

Adresses utiles :

Association française des aqua-
iophiles (A.F.A.),
, rue Genner 75013 PARIS
Tél. 01.45.82.02.04

Fédération Aquariophile de
France FAF
36A boulevard de Dijon
10800 Saint-Julien-les-Villas
Tél. 30.25.75.37.87

Livres, pour en savoir plus

Favré Henri
*Le guide Marabout de l'aquarium
d'eau douce* (n° 6400)

Favré Henri
Mon premier aquarium
(n° 6405)

**Favré Henri et Tassigny
Michel**
*Le guide Marabout de la santé de
l'aquarium* (n° 6404)

Jacques Teton
Aquarium passion, Hachette

Arnoult Jacques
*Les poissons (Encyclopédie par
l'image)*, Hachette

Boucher, M.
L'aquarium équilibré

Revues :

Aquarium magazine ;
Aquarama;
Le bulletins de l'A.F.A.

L'auteur

Ulrich Schliewen, aquariophile distingué depuis l'enfance. A
fait des études de biologie, spé-
cialité zoologie, à l'Université
de Munich. Collaboration
étroite avec l'Institut Max
Planck pour la physiologie du
comportement et avec le
Zoologischen Staatssamm-
lung (Muséum de Munich).
Expéditions ichthyologiques
en Amérique du Sud, Afrique
centrale, Asie du Sud-Est pour
étudier les poissons dans
leur milieu naturel. Membre de
la rédaction de DCG-Info
(Cercle Allemand des
Cichlidés). Contribution à des
revues d'aquariophilie et à des
revues scientifiques.

La dessinatrice

Renate Holzner travaille
comme dessinatrice indépen-
dante. Ses compétences vont
des dessins au trait à la concep-
tion graphique assistée par
ordinateur en passant par des
montages photos.

Remerciements

L'auteur et l'éditeur remercient
la société Eheim GmbH &
Co.KG, Deizisau, pour les
divers filtres internes, externes
et l'éclairage, la société
Forhmann Aquaristik GmbH,
Lauenau, pour l'arrière-plan
«mini-Amazone» et la société
Schott-Glaswerke, Mayence,
pour le matériau de filtration
Siporax®.

Photos de couverture et à l'intérieur de l'ouvrage

Couverture, face : Gourami perlé (Trichogaster leeri) (grande photo) ; combattants (Betta splendens) (petite photo) ; pages 2/3 : loches-clowns (Botia macracanthus) ; pages 6/7 : Aphyo bleu acier (Aphyosemion gardneri) ; pages 56/57 : Barbus rosé (Puntius conchonius) ; pages 96/97: Scalaires (Pterophyllum scalare) ; arrière de la couverture: Hypancistrus zebra.

Crédits photographiques

Aqua Design Amano Co. Ltd. / Takashi Amano : pages 62/63, 66/67, 80/81, 102/103; Büscher: pages 36 (poisson), 38 ht., 44 ht., 104, rabat arrière (n°5) ; Hartl : rabat avant (Rineloricaria sp. mâle), pages 22 b., 33, 37 ht., 40 (poisson), 42b., 96/97, 100, 118 ; Hellner : page 48 mi. ; Kahl : pages C1 petite photo, rabat avant (Synodonte-pinta-de), 2/3, 4/5 (plante), 9, 17 ht., 19, 20 ht., b., 21, 24 b. (plan-te), 25, 26 b., 28 ht., b., 29, 30 ht 36 (plante), 39 (plante), 40 (plante), 44 b. (plante), 49 (plante), 50 ht., b. (plante), 51, 53 b., 54 mi., 56/57, 64, 76/77, 107, 117 (plante), 121, 124 (plante);

Kilian : rabat avant (Hemichromis sp. rouge), pages 39 (poisson), 117 (pois-son) ; rabat avant gauche (Agassizi, combattant mâle), pages 8, 26 ht. 31 ht., 32 ht., b., 50 ht. (poisson), 106, 108, rabat arrière (N°4, 6) ; Lucas : pages 13, 34 ht., 37 b., 48 ht., C4 ;.

Lutje : pages 6/7, 124 (pois-son) ;

Nieuwenhuizen : rabat avant (Steatocranus casuarius , Arc-en-ciel de Boeseman, Badis commun), pages 4/5 (poisson), 5 d., 11, 14, 15 ht., 18 ht., b., 23, 24 ht., b. (poisson), 32 mi., 34 b., 38 b., 49 (poisson), 52 ht., 59, 65, 73, 74, 91, 99, 101, 110, 113 ht., 116, 127, rabat arrière (n°2, 3, 8, 9, Guppy - forme d'élevage) ;

Peither : rabat avant (Neolamprologus multifascia-tus), pages 10, 17 b., 26 mi., 30 b., 44 b. (poisson), 52 b., 68 g., d., 69, 78 ht., b., 79ht., b., 87, 92/93, 123, rabat arrière droit (plante de Freisteller) ;

Reinhard : rabat avant (pois-son-hachette marbré), page 53 ht. ;

Römer : rabat arrière (n°7) ;

Schliewen : pages 60, 109 ;

Spreinat : pages 41, 46 ht., b., 47, 90, 110, 114, rabat arrière (n°1) ;

Staeck : rabat avant (discus), pages 15b., 31b., 42ht., 45 rabat arrière g.(Heros sp) ;

Weidner : page 43 ;

Werner : page 22 mi. ;

Wildekamp : pages 48 b., 5 ht.;

Zurlo : pages C1 grande photo 22 ht., 54 b., 113 b.

L'édition originale de cet ouvrage a été publiée sous l'intitulé Aquarienfische, Mein Heimtier, par Gräfe und Unzer Verlag GmbH, München.

©1997 Gräfe und Unzer Verlag GmbH, München.

©1998, Marabout, Alleur (Belgique) pour l'édition française.

Imprimé en China
par SNP Leefung Printers Limited
ISBN: 978-2-501-05122-4
Dépôt légal: January 2008
Édition 01

Remarques importantes

Ce livre décrit des appareils électriques pour l'aquariophilie. Observez impérativement les règles de sécurité du fabricant, sans quoi des accidents graves peuvent survenir.

Les dégâts des eaux dus au bris de verre, débordement ou fuite des bacs ne peuvent pas toujours être évités. Vous devez donc impérativement vous assurer contre ce risque (→ page 12).

Ne laissez pas de médicaments et autres produits destinés à traiter les maladies des poissons à la portée des enfants. Evitez le contact des produits chimiques irritants avec les yeux, la peau et les muqueuses. En cas de maladie de poisson contagieuse (telle que la tuberculose des poissons), ne pas saisir les poissons infectés à mains nues ou plonger celles-ci dans le bac. On peut, par exemple, se blesser sur les épines situées sous les yeux des Loches ou sur les épines des nageoires de quelques Silures. Comme ces piqûres peuvent entraîner des réactions allergiques, consultez immédiatement un médecin.

Synodonte marbré (Synodontis schoutedeni).